不只是寓言

ものの見方が変わ
座右の寓話

77則啓發自我、
翻轉思考的寓言故事集

作者 戸田智
譯者 陳

前言

《第六版 新明解國語辭典》（三省堂）對「寓言」一詞的定義是，「假借動物的對話與行動等，將深刻的內容所蘊涵的處世教訓傳達給大眾並使之留下深刻的印象為目的的故事」。伊索寓言、佛教寓言和莊子寓言等為其代表。

本書除了前述幾項，也涵蓋了聖經裡耶穌所講述的比喻性對話、道德說教、奇聞軼事、笑話、民間故事和古代傳說等。筆者認為，只要是可以從中獲取人生教訓的，廣義來說也算是寓言。

寓言的目的在於傳達教訓和真理，而故事本身就是用來傳達的手段。換句話說，教訓和真理正是寓言的核心，故事是用來包裝的「表皮」。

為什麼要做成這樣的雙重結構呢？那是因為教訓是苦澀的，而真理又是如此激盪人心——良藥苦口，所以才會用有趣的故事做為糖衣包裝，讓人容易接受。又，教訓和真理是抽象的，而故事是具體並富有動感的，能讓講述和聆聽的人，同化成故事裡登場的人物和動物，融入其中。被故事吸引的同時，不知不覺中加深對人類、世界與人生的體悟。

美國心理學家傑羅姆·布魯納（Jerome S. Bruner）在其著作《可能世界的心理》（Actual

Minds, Possible Worlds，美篶書房）中裡提到，人類的思考模式可分成用道理說明的「理論科學模式」，以及用故事說明的「故事模式」兩種。兩者互為補充，沒有何者為上的優劣之分。

哲學家柏拉圖在對話錄《蒂邁歐篇》（*Timaeus*，《柏拉圖全集12》／岩波書店）裡提到，關於解開宇宙整體生成過程這種超乎人類的問題，因為難以展開嚴謹且合理的論述，只好用「好像有那麼一回事的故事」來接受它。對於無法基於理性的嚴密思索來克服的問題，柏拉圖似乎認為人類能夠憑藉的唯一手段，就是「故事」了。

筆者把這本書整理成「學校授課」和「公司早會」的時候可派上用場的題材。除了把長篇的寓言精簡成兩分鐘左右的談話內容，也用簡單易懂的陳述方式來取代艱深的辭彙，並修改漢字、假名、文體以及換行位置等。

大部分的寓言在最後都會附上簡短的教訓，本書除了一小部分外，其他均特意把教訓移到解說處。因為筆者認為傳統附上教訓的做法，不免有強迫講述者和聆聽者接受的感覺。在故事和教訓之間留點「空間」，可以讓講述者和聽眾自由思考「這一則故事究竟要表達什麼」。

書有兩種，一種是傳授知識用，另一種是做為啟發個人思考的材料。筆者在撰寫本書的過程中，除了重新發現古今中外寓言的樂趣，也經由故事內容開啟了各種思考。關於這部分，可以從每一篇故事後面的文章，得知本人「以這一則寓言為材料，思考了哪些問題，做了什麼樣的聯想」。

當然，筆者的觀點和解釋不一定正確，那不過是眾多見解裡的其中之一。

希望這本書在讓各位讀者體會寓言的樂趣之餘，也能帶來思考工作與人生、地域和國家、世界之未來走向的一道線索。

筆者

本書收錄的寓言，在卷末整理成參考文獻。為了方便閱讀，將部分標示與表達方式做了修改。此外，本書也沿用原著裡在現代看來是帶有歧視意味的用字與敘述。

目錄

第1章 觀點、視野與觀視立場

第2章 廣泛的認知與彈性的思考

第3章 思慮的深度與正確的判斷

第4章 聰明與創造性的工作

第5章 堅強的組織精神

第6章 工作的態勢與工作的意義

第7章 良心與共同體

第8章 科學技術與社會的關係

第11章 學習的心得與學習的理由

第12章 挑戰與可持續性

第13章 彩繪自我人生的方法

第 1 章

觀點、視野與觀視立場

№ 01

六個盲人摸象

某天，有六個盲人想藉由觸摸大象的身體來了解大象長什麼樣子。

第一個盲人摸到大象的鼻子，說：「大象是長得像蛇一樣的動物。」

第二個盲人摸到大象的耳朵，說：「大象是長得像蒲扇一樣的動物。」

第三個盲人摸到大象的腳，說：「大象是長得像樹幹一樣的動物。」

第四個盲人摸到大象的身軀，說：「大象是長得像牆壁一樣的動物。」

第五個盲人摸到大象的尾巴，說：「大象是長得像繩子一樣的動物。」

第六個盲人摸到的是象牙，他說：「大象是長得像槍一樣的動物。」

之後六個人陷入一段很長時間的大聲爭論，各持己見，完全沒有退讓的意思。

放寬視野，從多面向探尋事物

每個盲人摸到的，不過是大象身體的一部分，卻還是堅信自己摸到的那一部分才是大象的實體，因而引發現場一片混亂。

我們若是嘲笑故事裡的盲人，就是在嘲笑自己。因為我們也會陷入只了解到人事物的一部分，就誤以為那是全部的情形。

然而，人非萬能之神，能掌握到的不過是整體的一部分，就某個層面來說，陷入「見樹不見林」的狀態，也是無可厚非的事。即使如此，還是要盡可能透過多面向，而非單一觀點來捕捉整體的面貌，亦即需要有意識地放寬視野。

在這裡特別說明一點。持有六個觀點當然比只有一個來得重要，但也不能忘記「**部分的加總不必然等於全部**」。以宏觀視野觀察的結果，是無法從個別觀察的線形集合中取得的。用宏觀的視野觀察，用英語表達的話，就好比是「image」——透過心中描繪的影像，來表達對整體的感受與印象。

這裡來思考一下用於犯罪搜查的合成照片（montage）與肖像畫的不同。合成照片是根據目擊者記憶中犯人的臉部輪廓、髮型，以及眼、耳、鼻、口等特徵，撿選與之近似的各部位照片，組合成一張臉部的影像。如日本警局前面張貼的三億日圓竊盜案、格力高森永事件等嫌疑犯照片便屬此類。

然而近年來使用合成照片的情況變少，肖像畫的效果反而得到重視。因為合成照片畢竟是他人臉上各部位影像的集合，細部雖然逼真，整體卻泛著平板的印象，少了目擊者記憶中曖昧的成分，導致看到照片的人只要覺得有哪個部分不太一樣，就立刻判斷成「他人」，結果降低了民眾提供線索的機會，進而減低檢舉壞人的可能性。

肖像畫則因為帶有資訊的「寬容性」，曖昧的成分反能張顯犯人的特徵，喚起觀看者整體的印象（image），激發直覺性感受，擴大想像力，收到「感覺很像……又好像不是……嗯？等一下！……」的效果，促使民眾踴躍提供線索，有助於追查犯人。這一則寓言還可以有一種解釋是，把大象比喻成「真理」以導出別的訓示。真理的定義是「毫無例外、僅可做此解釋的知識與判斷」（《第六版 新明解國語辭典》／三省堂），所以真理只有一個。也就是說，六個盲人各說各的原因是出於，人人觸摸到的部分有所不同，但每個人摸的是同一隻大象。換句話說就是，**只不過是表達真實的方式不同，不表示存在不同的真實**。

因此，六人之中既沒有誰才是對的，也沒有全員錯誤的問題，每個人的答案都是對的。這麼想來，這一則寓言不也表達了，秉持不同信念的人，應該相互尊重與共存的原則？

№02

駱駝與飄流的浮木

第一次看到駱駝的人，嚇得逃離這個未知的生物。第二次見到駱駝的人，試著接近牠。第三次看到駱駝的人，鼓起勇氣為牠做了套在頭上的籠頭。習慣了，就會像這樣，變得不把一切當一回事。外表再怎麼奇妙可怕的東西，三番兩次下來，也會變得見怪不怪。

再來一則故事。一群站哨的人，遠遠看到海上好像有什麼東西，先是指稱為強大的軍艦。過了不久，改口說是用來引火衝陷敵陣的火船，接著是小船、然後是用來裝東西的大布袋，最後發現原來只是飄流的浮木。

第一印象不可靠

不管是第一則駱駝的故事，還是後來的軍艦與浮木的故事，都是在講述「乍看為○○，細看之後為××」的內容。這裡的「細看」又可分成兩種含意，一是「看了好幾次」，二是「捨遠就近觀看」。

誠如這一則寓言的作者拉封丹（La Fontaine）所言，初見駱駝，看似奇妙可怕，習慣之後就會覺得牠是可愛而迷人的動物。也就是說，**第一印象不可靠**。

第二則故事講述的是，最初看成軍艦的物體，隨著距離愈來愈近，又陸續傳出「火船？」「小船？」「大布袋？」等猜測，結果「竟然只是飄流的浮木！」。這是在告訴我們，**遠觀的印象不可靠**。

講到這裡，讓人想起某個日本國會議員被揶揄成「像座富士山」的往事。富士山遠眺是如此雄偉壯麗，實則是座垃圾山。暗指那位議員，遠看（從無關係者的立場來看）是個正人君子，近看（從身邊的人來看）則是鄙俗之人。

№03

綠洲的老人

夾在兩個大城鎮之間的綠洲裡，坐了一個老人。一位路過的男子問老人說：「我現在要去隔壁的城鎮，請問那是個什麼樣的地方？」老人沒有回答，反問對方：「那你之前居住的城鎮，對你來說是個什麼樣的地方？」

男子皺著眉頭說：「那是個有很多壞人的髒亂城市，所以我想去隔壁的城鎮看看。」老人回他：「如果你是這麼想的，那隔壁的城鎮也會是個有很多壞人的髒亂城市吧。」

不久又來了另一個男的，這人跟剛才的男子是來自同一個的地方。他也問老人相同的問題：「我現在要去隔壁的城鎮，請問那是個什麼樣的地方？」老人不答，照例反問：「你之前居住的城鎮，對你來說又是個什麼樣的地方？」

「那是個有很多親切的人居住的乾淨城市」，男子面帶微笑地說。老人聽了之後回說：「這樣啊。如果你是這麼想的，那隔壁的城鎮也會是個有很多親切的人居住的乾淨城市哦。」

改變姿勢與態度，意識也會跟著改變

有個跟觀點和視野近似的名詞叫觀視立場，亦即**「看待事物的姿勢、態度與立場」**。

故事裡的男子，用不同的態度來看待現實。現實是由許許多多的人、事、物架構而成，每個人對現實的認知也有所差異。第一個男子看到的是現實骯髒的一面，第二個人看到的是乾淨的一面。這也許是兩人結交的朋友不同所致。第一個男子與惡人相交，第二個人與益友往來，正所謂物以類聚。

比方被外國人問到「東京是個什麼樣的地方」時，恐怕很難給出一個完整的答案，因為東京是個多元化的城市。頂多只能根據個人在日常生活中所意識到的層面作答，而每個人可能給出截然不同的答案。

意識，不只有一種，有多少看待事物的態度和立場，就有多少種意識存在。

№04

哭泣的老嫗

京都的南禪寺門前有個人稱「哭婆」的老嫗。下雨時為雨天而哭，天氣好時又為晴天而哭，不論晴雨，她無時無刻不在哭泣。南禪寺的和尚覺得奇怪，就問她說：「妳究竟為了什麼一直哭個不停啊？」

老嫗回答：「我有兩個兒子，一個在三條開草鞋店，另一個在五條賣雨傘。天氣好的時候，雨傘店生意冷清，實在很可憐。下雨的時候，草鞋乏人問津，我那開草鞋店的兒子應該很困擾吧。想到這裡，想要不哭也很難啊。」

「原來如此，這話聽起來很有道理，但這樣想其實不好。老生教妳一個一輩子都能感恩、開心過日子的方法吧。」和尚語畢，老嫗立刻湊上前去表示：「有這麼好的事，請一定要告訴我。」

和尚於是娓娓道來：

「人世中的福禍就像一條纏在一起的繩子，福禍必然相伴。這世上既沒有永遠的幸福，也沒有無盡的不幸。妳一直繞著不幸打轉，沒有想到幸福的一面，才會像這樣一直哭個不停。天氣好的時候，不妨想想今天三條通的草鞋店裡千客萬來，生意好得不得了；下雨的時候，就想想今天五條通的雨傘店裡，商品賣得飛快。這麼一來，天晴有天晴的好，雨天也有雨天值得開心的事了。」

據說從那之後，哭婆每天都過得很開心。

對你來說的「好事」，對他人而言可能是「壞事」

站在什麼立場看待發生的事，會改變對世界的看法。在上一個故事〈綠洲的老人〉裡，也有提到「觀視立場」，是「看待事物的姿勢、態度和立場」。反映到本篇就是站在草鞋店的立場和雨傘店的立場，看待世界的方式與心情也會有所不同。

我們遇到事情和狀況的時候，總是輕易做出「好」或「不好」的判斷。然而，仔細想想，有很多是情況是沒有所謂的好壞。因為**「好」與「壞」是伴隨立場而改變的**。

舉例來說，颱風來的時候，很多人感到鬱悶，擔心強風豪雨會淋濕衣服、電車會延遲或停駛，選擇開車出門的人一多，交通也會變得擁塞而混亂。

反之，也有人因為颱風天而受益。颱風接近的時候，許多人避免外出，披薩和壽司店的外送生意會變好。此外，大眾運輸容易受到天候影響，選擇坐計程車的人也會變多。居家用品店裡像是乾電池、手電筒、繩索和防水帆布等防颱用品的銷售也會看漲。對這些業界的人來說，颱風未必是壞事。

再舉一例。人類滅絕，是現存唯一人種的智人（Homo sapiens）想要極力避免的災難，對地球上人類以外的其他生物來說卻是一大福音，因為再也沒有比人類更貪婪，會奪取比維持生存所需更多的其他物種之生命了。

有人認為「人類滅絕是保護地球環境最快的方式」。這對人類來說是壞事，對人類以外的物種來說卻是好事。

№05

螞蟻與蟬

某個冬日，螞蟻把夏天裡囤積的糧食從巢裡搬出來風乾。一隻餓肚子的蟬前來，請螞蟻分一點食物給牠，以延續短暫的生命。

「那你夏天都在幹嘛？」，螞蟻問。

「我可沒有偷懶，整個夏天都在忙著唱歌。」

螞蟻聽了蟬的回答之後，一邊收起小麥一邊笑著說：

「如果夏天忙著唱歌，那冬天跳舞不就好了。」

選擇做隻勤勉的螞蟻，還是享受人生的蟬？

這個故事是為人熟悉的〈螞蟻與蟋蟀〉的原型。主角之所以從蟬變成了蟋蟀，是因為在伊索寓言的舞台——希臘地方，有蟬棲息，在歐洲北部則無。隨著故事向北傳到歐洲其他地方的過程中，蟋蟀取代了蟬，成了〈螞蟻與蟋蟀〉。到了十六世紀後半，經由耶穌會傳教士傳到日本，收錄在《伊曾保物語》裡，成為家喻戶曉的故事。

這一則故事一般用來教訓人「要趁著有餘裕的時候為將來做準備，否則會遭遇痛苦和危機」。從故事中可以知道，螞蟻象徵有計畫性且勤勉認真的存在，蟋蟀則象徵無計畫性的愚蠢人物，沉浸在今朝有酒今朝醉的生活裡。

然而我們也可以從故事中得到反向的啟發。螞蟻代表為了滿足自我所需，只顧忙於工作之自我中心的存在，屬擔憂未來而忽略當下的負面示範。反之，蟬是愛好藝術，懂得享受生活樂趣的好例子。

好與不好的認定，會隨著文化與時代的狀態而有所不同。在「儲蓄就是美德」的文化圈裡，螞蟻的做法受到支持；認為「人生就是要享樂」的文化圈裡，蟬的支持者居多。生活在貧困時代的人，以螞蟻為典範；生活在富饒時代的人則追隨蟬的生活哲學。

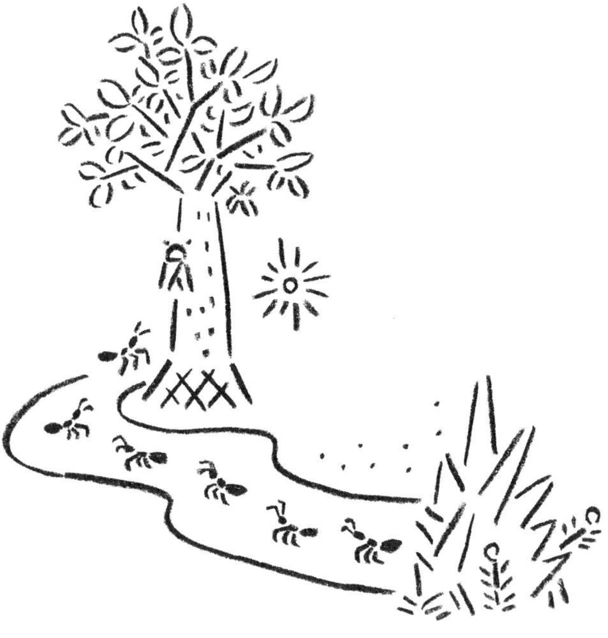

№06

山木與雁

莊子行於山中，看見一棵枝葉繁茂的大樹。站在一旁的樵夫卻沒有想要動手砍了這樹。聽聞理由，原來是「沒什麼用處」。莊子說：「此木因為不材而得以終享天年。」

莊子下山，留宿友人家中。朋友大喜而囑咐童僕殺一隻雁來宴客，童僕請示主人說：

「有兩隻雁，一隻會叫，另一隻不會叫，要殺了哪一隻？」

「殺了不會叫的那隻」，主人回道。

隔天，弟子問莊子說：

「昨日山中之木以不材得終其天年，今主人之雁，以不材死。老師在『有用』與『無用』之間又將如何處之？」

莊子笑著回說：

「我將處在『有用』與『無用』之間。但這麼做，看似合乎道理，實則不能免於偏執而受累。若能順從自然之道，浮遊於世，則不至如此。超乎他人的誇讚和毀謗，時而像龍一樣騰行於空，時而像蛇一樣蟄伏於地，與時俱化而不偏執自專。一上一下，以和為貴，遊心於萬物的根源，主宰外物而不被外物所使役。如此一來又怎麼會受累？」

超乎有用與無用

這篇故事分成三個部分。開頭舉山中之木因為沒有用處而得以終其天年的例子來說明「無用之用」——因為沒有用處，反成大用。這是莊子特有的反面論述。

其次舉不會叫的雁因為沒有用處而遭宰殺的例子來講述「無用之用」並不成立，藉以說明普世「成材始為有用」的認知。

最後以弟子的提問——在有用與無用之間應做何選擇——來引出莊子的答案。莊子一開始回答「將處於有用與無用之間」，隨後又立即補述「這麼做也不合乎自然之道」。

「處於有用與無用之間」，指的是什麼樣的立場？

不妨這麼想，「有用還是無用」是因時制宜、因地制宜的，所以無法針對「有用好？還是無用好？」這種模糊的問題作答。就像大樹以不材得終其天年，不會叫的鵝卻因為沒有用而遭到宰殺一樣，「有用」一詞只能視當下的情況，慎思其意。

那麼莊子所謂「處在有用與無用之間，看似合乎道理，實則不然」的真意何在？

答案在於「順從自然無為之道」，亦即不偏不執，任憑自然。莊子身處亂世的戰國時代，各國混戰不休而權勢不定。想在亂世中保全生命，就得**保持柔軟的姿態，不執著於特定立場。**懂得臨機應變與否，將決定個人是否能在亂世中求生。莊子哲學之「自然無為之道」看似消極，卻是亂世裡不可缺的人生智慧。

話說回來，日本這幾年明顯出現重科學、輕人文的現象，認為科學技術相關的學問，可為經世致用而增加其預算編列，人文學系的學問無所用處而刪減其預算。這種情況下應謹慎考量，什麼學問「對誰、就什麼層面而言是有用的」。

政治人物所謂的「經世致用」，不過是出於經濟利益的觀點。我們不能忘了存在其他層面的「經世致用」，那就是「促進人類的良善生活」。

什麼是「人類的良善生活」？這已經超乎科學技術的範疇。

自然科學是以真實的世界為對象，探尋跟事實有關之客觀知識的學問，成立於排除了價值、道德和倫理等問題的基礎上。倫理在其中所能發揮的作用，不過是用來檢查科學技術所創造出來的成果，對於應該發展什麼樣的科學技術這種根本性問題，幾乎不事先過問。因此，科學技術的學問，包括從中衍生的製品和系統架構等，是在常識、規範和習俗的前提下運作。對此前提投以「這樣真的好嗎？」、「其所依據的前提難道不是打一開始就是個錯誤？」這種根本性的審思問題，就要憑藉人文的學問了。

在日本，《勸學篇》的作者福澤諭吉看重自然科學和經濟學等實用之學一事眾所皆知。相對於福澤的立場，同一時代的思想家中江兆民，對於非實用之學的中國古典等也給與同等的重視。中江認為所有學問的根本在於哲學，並做出以下談話。

「大致來說，哲學的效用是無法具體呈現在眾人眼前的。（中略）一個國家若是沒有哲學，就像壁龕的牆上少了掛軸一樣，有損該國的品格。（中略）不懂哲學的國民，做什麼都欠缺深度，僅能止於淺薄的層次。」（《一年有半》／岩波文庫）

中江的這番話不也詮釋了「無用之用」嗎？

第 2 章

廣泛的認知與彈性的思考

№07

無知之智

有一天，蘇格拉底的朋友凱勒豐帶回了一則神諭，內容是「沒有人比蘇格拉底更聰明」。聽聞此話的蘇格拉底，無法推測神的真意何在，他尋思：「神究竟要表達什麼？難不成是在出什麼謎題要我去解答？知道自己不是個智者的，莫過於我本人了。」

蘇格拉底於是前往拜訪眾人口中的智者，想說這麼一來就能立刻知曉他們是多麼的賢能通達，而自己的智慧又是如何不及他人。

沒想到一旦跟這些被奉為智者的人交談之後，蘇格拉底發現，他們並不知道什麼是對人類最重要的東西，甚至不知道本人對這個問題是無知的。也就是說，他們其實不知道，卻自認對問題有所了解。反觀自己在無知的這一點，雖然跟其他人沒有兩樣，光憑本人對此有自知之明的分上，蘇格拉底體悟到自己是比較聰明的。

人類的所知有限

這是跟哲學家蘇格拉底有關的知名軼事，建立在只有神才是全知，人非萬能的前提上。人類的智慧跟神比起來等同於無，對自己的無知沒有自知之明者，是為愚蠢。人類的智慧在於，能對自我的無知有所自覺，就像蘇格拉底一樣。

我們總以為自己知道大部分的事，其實**不知道的，遠比知道的還要多很多**。以下舉例說明。

史密森尼博物館（Smithsonian Museum）的研究員T．艾爾文有次進到巴拿馬的亞馬遜河流域做生物調查。他在一棵約七〇公尺的樹下，用煙燻的方式迫使棲息在樹中的生物（絕大多數是昆蟲）鑽洞而出，以便採集。由於無法單靠己力判別所有的物種，便請其他的研究人員幫忙，結果只能確認到其中的百分之四，其餘的百分之九十六均屬未知生物（《透過窗道雄的詩閱讀生命的記錄》中村桂子著／NHK出版）。

此外，關於「除了細菌以外的生物物種數量有多少」的問題，有個研究經由各種生物的關聯性進行推算之後得到的結果是，陸地上估計有六五〇萬種、海中有二二〇萬種，合計共有八七〇萬種生物。意思就是說，陸地上有百分之八十六、海裡有百分之九十一的生物，尚未被發現（出自前書）。

看到地球之外的宇宙，也是相同的情況。

此前提到宇宙裡的物質時，認為幾乎跟地球上的物質（原子）是一樣的。現在這個大前提在美國NASA發射的宇宙探測機傳回觀測結果之後被推翻。宇宙裡的物質，人類所知道的，僅是有「重子」（baryon）之稱的百分之四，其餘百分之九十六的謎樣物質，被科學家稱為「暗物質」（dark matter，占百分之二十三）和「暗能量」（dark energy，占百分之七十三）（《宇宙是由什麼構成的》村上齊著／幻冬舍新書）。

從地球到宇宙，人類知道的，跟不知道的比起來只能算是微乎其微。認為自己無所不知的是愚者。唯有知曉未知遠勝過已知，非全能之神的人類所能掌握到的，不過是其中的一小部分者，是為賢者。

以上是跟人類所能認知的「量」有關。

接下來思考人類所能認知的「質」。從質的觀點來看，人類的認知也不是萬能的，受到人類特有之感覺器官的限制。實際來說，我們是透過人類特有的視覺器官看到影像，擁有異於人類眼睛之視覺器官的其他生物，看到的世界又有所不同。

舉例來說，蜻蜓有三六〇度的全視角，卻無法像人類一樣辨識成立體影像，牠們眼中的世界，跟人類看到的是不一樣的。這種情形不限於視覺器官，也及於其他感覺器官。以黑暗中飛行的蝙蝠來說，利用有別於人類的知覺器官來辨識周遭的環境，所以蝙蝠認知的，跟人類所認知的，也呈現兩種不同的世界。

總而言之，每種生物的感覺器官各有不同，所認知的世界也不一樣。錯把人類感知的世界視為真實，把蜻蜓和蝙蝠所感知的指為不完整而虛假的世界，只能說是人類的傲慢。

德國哲學家伊曼努爾・康德（Immanuel Kant）做了以下結論。獨立於人類存在的對象，不是經由人類的理性，而是經由人類的認知行為始為對象。亦即，跟觀察者無關的實體並不存在的意思。

人類所見為「現象的世界」，我們無法認知對象本身「自體的世界」。

№08

京都的青蛙和大阪的青蛙

住在京都的青蛙，從以前就想去大阪見識見識，春天來的時候便起身，沿街往西走去，來到了天王山。

住在大阪的青蛙，一直想看看京都長什麼樣子，也選在春天動身，沿街向東而去，來到了天王山。

這兩隻青蛙偶然在天王山的山頂相遇。互道彼此長久以來的心願之後，又閒聊了一下：「這麼辛苦跋涉還只到半路，等走到了目的地，可能會累得連站都站不起來囉。這裡是出了名的天王山頂，可以同時遠眺京都和大阪。咱們就來伸直腰背，墊起腳尖看看。搞不好還能舒緩一下腿部的疼痛。」說著說著兩隻青蛙就站起來，墊起腳尖向各自的目的地望去。

這時京都的青蛙說了：「傳聞中的難波名勝，看起來跟京都沒有兩樣呀。與其累得半死走去大阪，還不如現在就起程回家。」大阪的青蛙也開口：「聽說京都是個花都，怎麼看起來跟大阪一模一樣。那我也回去好了。」說完就各自踏上歸途而去。這兩隻青蛙以為自己看到的是本來打算前往的目的地，卻因為青蛙的眼睛長在背上，結果看到的其實是自己的家鄉。

知識越豐富，視野就變得越狹隘

京都和大阪的青蛙都犯了「貿然斷定」的毛病，意指在沒有仔細聽好的情況下就以為自己懂了，又或者是沒有經過充分的確認便貿然下結論。

不管是誰，都有那麼一、兩次的經驗是，在與人交談的時候出現貿然會錯意的情況，可能導致人際關係惡化。想要避免這種情形，可以留意以下三件事。

第一是**「集中精神，專注聆聽」**。不要在對方說話的時候，邊做或邊想其他的事。第二是**「話要聽到最後」**。中途插話不但是不禮貌的行為，也是操之過急的禍根。第三是**「做好確認的動作」**。把自己所理解的傳達給對方，確認是否無誤。

不只在「聽人說話」的時候，我們在「觀看」的場合裡也經常出現貿然斷定的情況。要做到「仔細觀看」並不是一件簡單的事。**知識越是豐富，就越難「仔細觀看」周遭的人事物**。文藝評論家小林秀雄說，知識會妨礙觀察。

「用眼睛觀看跟用嘴巴說話是兩回事。言語會成為眼睛的障礙。假設各位在野外散步的時候，看到一朵美麗盛開的花。一看，是紫花地丁，立刻想說『搞什麼啊，原來是紫花地丁』，就在那一瞬間，可能對其形狀和顏色也失去了興趣。那是因為各位在心中開口說話了。當內心浮現『紫花地丁』這幾個字的同時，眼睛也跟著閉上了。靜心看待事物就是這麼難的事。」（《追求美的心．小林秀雄全集 第九卷》新潮社）

舉個美術館常見的現象。人進到展覽廳後，觀賞眼前的畫。頂多看個五秒鐘左右，立刻把視線移到一旁的作品介紹，讀起解說。感覺好像有所了解之後，最後再看一眼牆上的畫，很快又朝下一幅畫移動。

畫家（藝術家）用感覺來表達世界的真理與本質。畫家之所以用繪畫的方式來表現，是因為它們無法用言語來言盡，像是真、善、美、永遠、愛、神、無、時間、空間……。如果說畫是用來表達無法透過言語形容的世界，只是匆匆瀏覽一下作品名稱和解說就輕易帶過，豈不是太可惜了。

№ 09

納斯努汀的鑰匙

有個叫納斯努汀的男子趴在自家門前的地上找東西。有朋友來，問說：「你在找什麼東西啊？」

「鑰匙啊」，納斯努汀回答。

朋友於是一起趴在地上幫忙找鑰匙，卻怎麼也找不著，「你究竟是在哪裡不見鑰匙的啊？」

「在家裡啊」，納斯努汀回答。

「那幹嘛在外面找啊？」

「因為這裡比較亮，比較好找啊。」

關鍵之鑰就在偏離既有邏輯和過往經驗的地方

納斯努汀是在家中遺失鑰匙的，既然如此就應該在家裡找才對，他卻趴在外面尋找。原因是他覺得家裡太暗，外面的光線比較亮，比較好找。

真是一則可笑的故事。但我們又何嘗不是如此？比如說當心中湧起開創事業的念頭時，我們也會在明亮的地方，也就是自己熟悉、容易採取行動的領域裡尋找機會。

然而循此做法，成功開創事業的卻在少數。因為新事業潛藏在不適用既定理論和過往經驗的領域裡，超乎時下普遍的認知、無前例可循，所以才叫創新。

經營學者亨利・明茲伯格（Henry Mintzberg）在其著作《H・明茲柏格經營論》（鑽石社）的第二章〈計畫用左腦、經營用右腦〉裡提到這一則寓言。他把左腦的作用比喻成明亮處，右腦比喻成暗處，主張經營的關鍵之鑰不在左腦，而是存在於右腦。

就像我們都知道的，左腦的活動形式屬分析、連鎖性的，掌管說話等邏輯思考；右腦的活動形式屬整體論的、直覺性的，掌管視覺等感受性印象。

明茲伯格想要說的是，人們一直在「理論性分析」的明亮處中尋找經營之鑰，然而經營之鑰應該是存在於直覺性的黑暗之中。經營者和經理人只是在明亮處持續尋找經營之鑰的話，恐怕難有發展的餘地。優秀的經營者和經理人，是能結合左腦與右腦作用的人。

筆者在前一陣子看了一本書叫《美意識：為什麼商界菁英都在培養「美感」？》。作者山口周對於書名也提到的問題，做了以下回答。

「那是因為他們明白，把軸心放在『分析』、『理論』和『理性』的經營，亦即所謂的『重視科學的意思決定』，是無法在現今複雜且不安定的局勢中持掌商業之舵的。」

也就是說，今後的精英，除了理性，也必須具備美的意識和感性。其根據何在？

第一是因為，多數人學會分析和理論性資訊處理技能的結果，導致答案同質化（commoditization）的情況發生。commoditization這個字指的是，基於一般化而難以突顯差異的產品或服務（通常翻為「商品化」）。也就是說，經由理論和理性的資訊處理所能得到的，不過是「跟他人一樣的標準答案」，難以突顯和其他競爭對手的差異化。

第二是因為，在如今複雜而不安定的局勢裡，徒然追求理論和理性是有其界限的。會造成問題解決能力和想像力的麻痺，讓決策陷入膠著的狀態，喪失經營決策的速度感。

第三是因為，以全球為規模的經濟不斷發展之下，這個世界逐漸形成巨大的「追求自我實現市場」。如此一來，巧妙整合「想要獲取他人認同」、「自我實現」等欲望，就變得更加重要。能否創造滿足這等欲望的商品服務，取決於領導者美的意識和感性的程度。

第四是因為，法律追趕不上社會的變化。現代化經營不能單靠外在已經明文化的法律和規範，還需要憑藉內在用以判斷「真善美」的基準，亦即倫理和美的意識。

考察美的意識、美的價值和美的本質等學問，叫美學。不用說也知道，美學歸屬在人文學系。假使今後的精英必須具備美的意識，可知評論人文學系的學問沒用的意見肯定是大錯特錯。

№10

雙胞胎的命運

有一對雙胞胎在嚴酷的環境下長大，他們的父親是個吸毒者，酒醉的時候還會對母親和孩子拳打腳踢。一位心理學家在這對兄弟三十多歲的時候，對他們進行採訪。

其中一人成了藥物中毒者，正在接受生活保護。妻小則因為家暴的關係，已經離家出走。心理學者問他：

「你為什麼要對自己和家人做這種事？」

「你說，在那種家庭長大的我，除了這樣，還能怎樣！」

反觀雙胞胎裡的另一人，不但事業有成、有著美滿的婚姻生活，還是個好父親。心理學者問他：

「為什麼你能做到現在這樣？」

「你說，在那種家庭長大的我，除了這樣，還能怎樣！」

面對事情要怎麼想，是你的自由

這對雙胞胎成長的家庭環境，怎麼看都說不上是好的環境。擁有幾乎相同的基因、在同一個環境下長大的兩人，之後可能也會過著類似的生活。但這對雙胞胎長大後卻過著完全不同的生活。這是怎麼回事？

原因就出在，即使遇到看似不好的情況，事件本身是中立的，要如何看待它，就是個人的自由了。

有句話叫反面教師，意指做為不應仿效之壞榜樣的人事物。這對雙胞胎的其中一人，沒有把自己的父親當成反面教師，模仿其惡行，結果步上父親的後塵。反之，另一人則是記取教訓，選擇過著跟父親完全相反的生活方式。

人與動物的區別在哪裡？答案就在是否有選擇的自由。動物在受到外部刺激的時候，只能做出一定的反應。人類在刺激與反應之間則存在著選擇的自由，從另一方面來說就是，在事件和應對之間存在著選擇的自由。因此，人在受到刺激的時候，不一定會出現相同的反應；

遇到什麼事的時候，也不全然採取相同的對應方式。要如何對應，是本人可以在深思熟慮之後做出選擇的。

史蒂芬·柯維（Stephen R. Covey）在其著作《與成功有約：高效能人士的七個習慣》裡是這麼說的：「人類因為擁有其他動物所沒有的自覺、想像力、良心和自由意志等特質，而得以在面對刺激的時候，自由選擇要做出什麼樣的反應。」

自覺，是客觀看待自身狀況的能力。想像力，是從跨越現狀的地點思考事物的能力。相對於動物只能做出當下的反應，人類的思考能力還可以橫跨到過去和未來。動物只能看到眼前的情況，人類卻能憑藉想像「看見」眼前以外的事物。良心，是判斷善惡與對錯，進而採取正確行動的內心作用。自由意志，是不受自我以外的他人束縛，擁有「心之所向，身之所往」的力量。再怎麼聰明的動物，都無法擁有像人類這般的特質。

№11

掉了一隻眼的河馬

有隻河馬在渡河的時候，掉了一隻眼睛。牠拼命想找回那隻眼睛，前前後後、左左右右，低頭看看身體底下，怎麼也找不著。

岸邊的小鳥和其他動物們都勸牠「最好休息一下」。但是擔心可能永遠失去一隻眼睛的河馬，怎麼也不肯休息，不停翻找。即使如此，還是沒能找到，河馬終於累得當場跌坐在河裡。

當牠一動也不動的時候，四周漸漸恢復平靜，剛才被攪得混濁不堪的河水也慢慢沉澱，變得清澈見底。這下河馬看到那隻掉在河裡的眼睛了。

「停下來」才是「對」的

把杯子靜放一段時間之後，原本混濁的泥水會漸漸沉澱，最後變成泥與水分離的狀態。這種現象經常被用來比喻成打禪。「禪」這個字所指為何？據說是來自古印度語的※「jhāna」，保持心靜的意思。在忙碌的日常生活中掙扎求生，就像泥水混濁的狀態。**試著保持心靜，讓飛揚的思緒像杯中的泥，沉澱下來。**

就算不到打禪的程度，我們也能在日常生活中找到幾個「讓心靜下來」，也就是「放空」的時間。

舉凡早上在月台等候電車的時間、在食堂內等待餐點上桌的時間、在路口等待紅燈轉成綠燈的時間、搭電梯前往目的樓層的途中，以至到剛才為止的片刻，都是「可以放空的時間」。只不過現代人習慣滑手機打發這些短暫的時光。

常聞發呆讓腦子放空的時候，靈感就會從天而降的說法。坐在辦公桌前狂抓頭髮，或是對著電腦感到百般折騰的時候，靈感是不會跑出來的。因為靈感這個訪客，討厭忙碌之人，喜歡發呆的人。

禪語裡有「七走一坐」和「一日一止」的說法（出自《你所煩惱的事，有九成都不會發生》）。

「七走一坐」是跑了七回之後要坐下來休息一次的意思。我們總是不由得想說，如果不堅持下去的話，就會落於人後。然而長遠來看，**一直處於奔跑的狀態並非好事，每隔一段時間停下來休息，調整自我狀態**，才是明智之舉。

「一日一止」是每天要停下來一次的意思。不要一直前進，一天要有一次左右停下來檢視自己的步伐，如此才能創造正確的步調。且看「一止」兩字，在「止」的上面劃個「一」就成了「正」字。一天一次，停下來自我反省，是正確之舉。

※「禪」字是梵語「dhyāna」音譯之「禪那」的簡稱（大辭泉／小學館）。「禪那」的巴利語叫「jhāna」。

第 3 章

思慮的深度與正確的判斷

№ 12

墨子與算命師

有天墨子想前往位在北方的齊國，在那之前他先去拜會了一位算命師。算命師告訴他：「今天天帝在北方殺了黑龍，先生臉色屬黑，不宜去北方。」

墨子不予採信，仍起程往北方。到了淄水之後，因為無法前往目的地而折返。

算命師說：「我不是說過不宜去北方了嘛。」

墨子反駁：「出身南方、沒能去到北方的人裡頭，有臉黑也有臉白的。沒能下到南方的北方人裡，也同樣有黑有白。這又是為什麼？」

不要被不負責任的意見左右你的決定

戰國時代的思想家墨子之所以無法抵達目的地的原因，推測是淄水氾濫的關係。單就結果來看，若聽從算命師說的話，也就不用白跑一趟。但墨子指稱，那不過是純屬偶然，淄水泛濫，誰也沒有辦法渡河，算命師的說法缺乏理論性。

不要讓算命這種不負責任的意見左右個人重要的未來，是這一則故事帶給我們啟示。算命這種東西是，對沒有意義的出生年月日、手紋和紙牌排列等做出解釋，又或從偶然性之中解讀其必然性的演出。

拿無關緊要的事，像是今天該穿什麼顏色的衣服出門這種問題來問算命師，倒也無妨。碰到人生重要的抉擇時，仍應求助於專家。但專家給的，最多也只是做為參考用的意見。**該做何選擇、避開什麼樣的情況，最終的決定者仍是自己。選擇是背負責任的行為。**讓他人來決定自己的未來，就是對自己的人生不負責任的行為。

№13

夫婦和三塊餅

有對夫婦從鄰人那裡收到三塊餅。兩人各吃掉一塊之後，剩下的那塊不好自己一個人取來吃，兩人於是約定「先開口講話的就沒餅可吃，由另一個人獨享」。只要出聲，哪怕只是一個字，就會失去吃餅的機會，兩人從此不管發生什麼事，都用比手劃腳的方式來溝通，堅守沉默。

沒想到當晚有盜賊闖入家中。兩人因為那個約定，依然保持沉默，眼睜睜地看著盜賊橫掃家中。盜賊以為這對夫婦肯定是啞吧，進而對女主人施暴，完事後準備拿錢走人之際，妻子忍不住對始終保持沈默的丈夫大喊。

「你這該死的，盜賊做了這種事，你還為了一塊餅沒有出言制止，這是怎麼回事？」丈夫一聽，立刻高興地拍手叫好：「耶，現在這塊餅是我的了。」

不要被過去所羈絆，當下做出正確的判斷

這一則寓言裡隱含的教訓是，**許多人拘泥於微不足道的名利而失去寶貴的東西。**獨享最後一塊餅是微不足道的名利，妻子和財物是寶貴的東西，丈夫卻無從判斷何者為重要、何者不重要。

除此之外，我們還可以從寓言裡得到另一個啟發是，不要被過去所羈絆，當下做出正確判斷的重要性。不要像故事裡的丈夫，拘泥於過去的約定，差點就失去了寶貴的東西。

人不可被過去決定的事所牽絆。比如你打算「停止」這十年來持續在做的一件事，這時周遭的人可能會跟你說：「放棄的話，就浪費了這十年來花費的時間和金錢了。」然而，持續與否，當下只能由自己做決定。沒有所謂的「到目前為此持續在做的事，未來仍要堅持下去不可」的道理。只要依你的決定來做即可。因為只有自己才能對自己的人生負責。

№ 14

駱駝的頭

在某個地方有個愚蠢的男子。有一天這個男子把飼料放進瓶中，拿給駱駝吃。沒想到駱駝把頭伸進瓶中，嚼食完飼料之後仍把頭埋在瓶子裡。男子對此感到苦惱不已。

這時有個老人走來。

「沒什麼好擔心的，我來教你個好辦法。只要照我說的去做，一定能把駱駝的頭弄出來。先把駱駝的脖子砍了吧。」

男子聽信老人的話，砍斷駱駝的脖子。

「接下來把瓶子打破。」男子又照老人的吩咐，把瓶子打破，然而取出駱駝的頭。

順序錯誤的話會喪失重要的東西

男子聽從老人的指示，先砍斷駱駝的脖子、再打破瓶子的結果，落得同時失去駱駝與瓶子的下場。這一則故事的教訓是，**陷入困境的時候，不分前後順序就採取行動的話，會落得失去一切的後果。**

這裡不妨把瓶子想成是「工作和金錢」，駱駝是「生命和健康」。失去了工作和金錢，再努力就有，生命和健康則不如此。

從這個故事還可以導出另一個教訓是，凡事要重先後順序。先把瓶子打破的話，也就不需要殺死駱駝了。先砍了駱駝的脖子再來打破瓶子，明顯犯了前後順序顛倒的錯誤。

在日本傳統表演藝術的落語裡，有這麼一則引子。有個小器的男子一臉得意地說：「草紙只用一次就丟，未免太可惜了。要先拿來擤鼻涕，晾乾之後再拿來擦屁股，知道嘛！」與太郎聽了感覺大為受用，但他把順序搞錯了，氣得跑去跟對方理論：「我照你說的做了之後，變成這樣！」

№15

北風與太陽①

有天北風和太陽爭論彼此能力的高低。光說不練也不是辦法，便決定誰能讓旅人脫得一件不剩，誰就贏了。

北風首先登場，「呼！」地使勁一吹，旅人不禁打了幾個寒顫，趕忙拉緊衣服。北風於是再加把勁咻咻地吹起強風。「哇！好冷，真受不了，再穿一件」，說著旅人又在外面加上一件外套。北風感到沮喪，只好對太陽說：「交給你了。」

太陽一出場，把大地照得一片暖洋洋。看到旅人脫掉方才披上的外衣，又釋放更強更熱的光線。旅人耐不住炎炎的日曬，於是脫去全身的衣物，跳進附近的河裡泡涼去了。

取得信賴能讓人動起來

原來的故事最後還附上一句訓言是，「很多時候，說服比強制還來得有效」。也就是說，想要叫人做什麼事的時候，用言語說動對方，比訴諸暴力或權力來得更有用。

泉谷閑示在《改變你人生的對話術》（講談社+α文庫）中提到，這一則寓言裡「隱含了思考『如何打開人心』的重要暗示」。他把旅人的心理看成是「心靈的盔甲」，這東西是無法經手他人解下，只能自行卸除的。為了讓本人脫下心靈的盔甲——也就是從內心「緊閉的狀態」變成「開放的狀態」，周邊的人能做些什麼？

人穿上「心靈盔甲」的根本原因，在於不信任感。從不信任轉成信任，需要時間的作用。基本上不要試圖操控對方，**尊重對方身為一個人主體性存在的事實。**切勿躁進，換句話說就是耐心等待時間的過去。

№16

北風與太陽②

有天北風和太陽爭論彼此能力的高低。光說不練也不是辦法，便決定來個勝負。

第一回合是比賽誰能取下旅人的帽子。太陽先是照射旅人，結果使得對方把帽緣拉得更低以防日曬，怎麼也沒有想要脫掉帽子的跡象。接下來換北風登場，呼地一吹，輕鬆就把旅人的帽子給吹掉了。

第二回合是比賽誰能讓旅人脫去上衣。一開始北風使盡全力吹拂，反而使得旅人直打哆嗦，雙手拉緊衣服。這次換太陽出場，照得旅人脫去上衣，舒服地伸展筋骨。

根據狀況選擇適切的手段

這一則故事的教訓在於，凡事都要根據當時的狀況採取適切的手段。就像要取下旅人的帽子時，最好請出北風；要讓旅人脫去上衣，找太陽就對了。總而言之，要懂得臨機應變。

一般來說，年紀越大越容易失去純真，還會變得越加頑固。也難怪日本有句諺語說「人的意見到四十」，意指跟一個過了四十歲的人說再多也沒有用。想要處於臨機應變的狀態，就得排除頑固的阻撓。

在社會上越是成功的人和組織，越是因為自信而顯得頑固。然而過去的成功經驗，不代表未來也能一直持續下去。成功讓人變得頑固，成功的記憶有時成了耳塞，導致周遭環境已經變了，而我們還經常抓著過去那一套勝利方式程不放。**時代變了，採取的手段隨之變化也是理所當然的事。必須在深思熟慮之後，選用適切的手段。**

№17

大石頭與小石頭

「現在是問答時間」，教授說著便取出一個大罐子放在講桌上，然後把一顆又一顆的石頭放進罐子裡。等到罐子裡裝滿石頭之後，教授便問學生說：「這罐子是滿的嗎？」

「是滿的」，學生們給出了肯定答案。

「真的嗎？」教授說著，從講桌下面拿出一桶碎石，倒進罐子裡，又搖了搖罐子，好讓碎石填滿石頭間的隙縫。事後教授又問了一次相同問題：「現在這個罐子是滿的嗎？」這下教室裡一片鴉雀無聲，只有一個學生回答：「應該不是吧。」教授笑著說：「沒錯」，這次從講桌後面取出一桶砂，倒進罐子之後，砂子順勢流進石頭與碎石間的隙縫。

教授第三次提問：「這下罐子滿了嗎？」

學生們異口同聲地回答：「沒有」。教授拿起水壺，把水倒進罐子裡，直到幾乎要滿出來了，然後丟給學生最後一個問題：「你們知道我想說的是什麼嗎？」

首先，把時間花在重要的事上

這一則故事引用自《企業為什麼會消滅？》（讀賣社會部／新潮文庫）的「文庫版後記」。

在那之後，故事還有後續發展。

對於教授的最後一個問題，有個學生回答如下。即使是看起來裝滿大石頭的罐子，只要是小石子，還是可以裝下，所以無論行程再怎麼趕，只要盡最大的努力，還是可以挪出空檔排入其他行程，做更多的事。

教授回說「不對」，接著說明這一連串演示，也就是該寓言背後隱藏的意義是「如果不先放入大的石頭，之後就再也沒有放進大石頭的餘地。」然後又問學生說：

「對你們的人生而言，『大石頭』指的是什麼？」

「可能是工作、志向、所愛的人、家人，或是自己的夢想等。這裡的『大石頭』指的就是，對你們最重要的東西。要先把它放進罐子裡，否則將永遠失去它。」

可以把罐子的容積想成是自我人生的長度。每個人的生命都是有限的。因此，**把時間花在**

不重要的事上，就會占去應該分配給重要事物的時間，導致人生至死都沒能抓住重要的東西。

把時間花在重要的事上，不要浪費在不重要的事上——說起來容易，做起來難。原因有二。

第一是難在現代人忙於接收與產出資訊。根據二〇一七年一月九日朝日新聞一篇名為〈SNS時代，戰鬥仍持續〉的報導，人類在二〇〇〇年創造出來的資訊量為六十二億GB（十億位元組），到了二〇一一年激增到一兆八千億GB，估計在二〇二〇年將達到四十四兆GB。我們現在接收到的資訊量，龐大而今非昔比。有些人不斷在Facebook和Instagram上面傳播各種資訊，但有多少人能充滿自信地說這兩個平台裡流通的，對自己都是「真的很重要的資訊」？

第二是難在無法輕易了解到什麼是人生裡重要的事。《小王子》裡有一段名言出自狐狸對小王子說的話。「那我把祕密告訴你。那是很簡單的事。就是凡事如果不用心看，就會看不清楚。最重要的事，不是用眼睛可以看出來的。」

對你而言，什麼是重要的事？誠如許多哲學家所言，那不是一種「擁有」，而是跟「存在」有關。你是否把時間花在重要的事上面？

這一則寓言，可以用來解釋人生這種大道理，也可以用來反省自己在職場上的做事方式。我們所有的活動，都可以根據緊急程度和重要程度兩條軸線，大致劃分成四個領域，也就是知名的「時間管理矩陣」。

第一個領域是「重要且緊急的活動」。舉凡有截止期限的業務、客訴處理、事故和災害的對應，都屬這一類。

第二個領域是「重要但不緊急的活動」。像是展望未來的準備與計畫、品質改善、維持健康、建立人際關係、學習和自我啟發等。

第三個領域是「不重要但緊急的活動」。參加會議和寫報告等多屬這一類。

第四個領域是「既不重要也不緊急的活動」。用純屬消遣來形容是再適合不過的了，像是懶洋洋地看看電視、滑滑手機的時間等。

吾人應該注意的是，減少第三和第四領域的時間，並增加第二領域的時間。如此一來，第一領域所占用的時間也會跟著減少，就能從容從事重要的活動。

第4章

聰明與創造性的工作

№18

兩個商人

以前有個江州商人跟他國的商人一起走在※碓冰的隘口。大熱天裡背著一堆重物攀爬險坡，真是再辛苦不過的事。

途中，兩人找個樹蔭，卸下行李稍做休息。他國的商人一邊擦汗一邊感慨地說：「這座山要是再矮一點就好了。雖然說這世上沒有輕鬆的工作，但是像這樣翻山越嶺，還真教人想要放棄行商，回家鄉去。」

聽聞此話的江州商人笑笑地說：

「我跟你一樣背著差不多重的行李，爬這險坡，能夠理解你的辛苦。你看我不也走得氣喘如牛又汗流夾背。不過我倒希望這山能再高一點，最好是能再高出個十倍。這麼一來，大部分的商人就會半途折返，到時我就可以一個人到山的那頭，盡情地做生意。很可惜這碓冰的山就只能這麼高。」

※介於群馬縣和長野縣之間。

「麻煩」是工作的價值所在

每種工作都有其特殊的勞苦。這兩個商人的勞苦，在於連普通人一身輕裝也感到吃力的山路，還要背負很重的行李走路。這不是誰都能做得來的工作，除了要有強健的體魄，還需要有過人的耐力。工作上特有的勞苦其實是種進入障礙，能夠讓想幹這一行的人打消念頭。

這世上不乏錢少事多，吃力不討好的工作。雖然有其缺點，卻也形成進入障礙。

前幾天筆者在日本電視節目【Professional 工作的流儀】裡看到宮崎駿特輯〈風起 一〇〇〇日的記錄〉的重播。節目中宮崎駿多次提到「麻煩」兩字，讓筆者頗為震驚：「嗯？原來宮崎駿也會覺得麻煩啊」。之前還以為像宮崎駿這種等級的創作人，跟麻煩是無緣的，但我錯了。這位大師在節目中三不五時就把「麻煩」掛在嘴上，包括「那是種跟內心感到麻煩的情緒相互抗衡的戰爭」、「重要的東西處理起來很麻煩的」，以及「我覺得活在不麻煩的世界，就會羨慕起麻煩」等。這讓筆者領悟到，每個人或多或少是在跟感覺「麻煩」的情緒對抗之下工作。不妨把它想成「麻煩蘊育了工作價值」。

№19

三杯茶

石田三成年少的時候曾在寺院裡當童子，一邊學習佛典的讀法，一邊兼做雜役。

有一天豐臣秀吉外出放鷹狩獵時，途中感到口渴而繞到這家寺院歇腳。「有人在嗎？端杯茶來」，秀吉喊道。三成於是用個大碗，裝了七、八分滿、仍留有餘溫的茶，端到秀吉面前。

秀吉喝了之後嘖舌稱道：「好喝，再來一碗。」三成又沏上一杯茶，但這次是分量不及茶碗的一半、比之前還要稍微熱一點的茶。

秀吉喝了之後，感覺這少年機智過人，為了試探他，又要了一杯茶。三成再度沏茶，這次端出來的，是用小碗盛裝少量且剛煮好的熱茶。

喝下第三杯茶的秀吉，很欣賞少年的機靈，便要求住持放人，收為小姓（武將或大名身邊負責雜用與護衛的武士）。發揮才能的三成，逐漸受到重用，被任命為奉行（相當於政務官）。

稍微用心可以創造專屬自己的工作

哲學家內田樹在《日本的論點二〇一〇》（文藝春秋）一書，提到自身的經驗如下。

有一次跟著武術家甲野善紀等七人一起上館子的內田，看到菜單裡有「炸雞」這一道料理，但一盤的分量是三塊肉，七個人分不來，只好點三盤。這時負責點菜的服務生說：「也可以點七個哦，我請廚師做成七人分。」

就在服務生上菜的時候，甲野問他：「來店裡消費的客人一定很常問你要不要跳槽去他們公司吧？」店員有點驚訝地回答：「是啊，大概每個月都會有人這麼說。」

內田在這篇短文的後面，用「人是種『放任不管，就會做得比領得還多』的存在」來形容那個服務生，在自己能做得到的範圍內，不斷花心思提供個人小小服務的舉動。

幾乎所有的工作都能被取代，尤其是打工性質的工作。如果可以**在個人能力所及的範圍內多用點心思，就能把它變成自己的工作——因為是我，才做得來。**

以上是把焦點放在三成身上的解讀方式。我們也可以把焦點放在秀吉，把〈三杯茶〉想成是「秀吉慧眼識英雄」的故事。

所謂世有伯樂然後有千里馬——在近代以前的社會尤其如此——縱有才華，若無慧眼賞識，也只能被埋沒在市井之中。在秀吉要第二杯茶的時候，應該還沒有產生試探三成的想法，只是單純「想要再來一點茶」。他從第二杯茶比第一杯還要熱一點、量也少一點的情況，感受到三成的機靈，而決定再來一杯茶做為試探。

正因為秀吉注意到三成的機智，才有了這則故事的存在。

№20

領兩茲羅提的莫伊休

在從事穀物買賣的商人那裡，有個叫莫伊休的年輕人，他的工資是週薪兩茲羅提（波蘭的貨幣單位）。長年在同一個地方工作的他，有一天問主人為什麼他的工資這麼低：「另一個莫伊休領到六茲羅提，而我只有他的三分之一。」原來這個穀物商還聘僱了另一個也叫莫伊休的人。主人跟領兩茲羅提的莫伊休說：「別急，哪天我就會讓你知道為什麼。」

幾天後，有十多輛馬車組成的車隊經過那個穀物商家大門下面的道路。主人趕緊找來領兩茲羅提的莫伊休，指使他下去問問車隊載運的是什麼東西。這個年輕人立刻沿路而下，旋即回來報告：「聽說是玉米。」主人又要他去打探玉米是要運到哪裡去的。莫伊休再度沿路而下，趕到車隊那裡，過一會兒回來報告說：「是要載到市場去的。」「那你趕緊去問清楚，是受誰之託要運到市場賣的。」這時車隊已經出了村莊，可憐的莫伊休只好像狗一樣狂奔追趕，再跑回來報告：「聽說是隔壁鎮上的首長託付的。」「那你去問問價錢是多少。」為了追趕遠去的車隊，莫伊休這次換乘馬匹飛奔而去，再回來報告玉米價錢。這時主人說了：「你等一下。」

主人喚來另一個領六茲羅提的莫伊休，吩咐他下去查看剛才通過的車隊商人的樣子。這個莫伊休跨上馬背，追趕車隊而去。過了一會兒，回來報告：

「他們是受到隔壁鎮長之託，要載玉米去市場賣的商人。我問了價錢之後，立

刻示意以稍微好一點的價格購買，結果他們也因為搬運重物勞累，決定把玉米下到我們的倉庫。現在正在往回走的途中。」

主人對領兩茲羅提的莫伊休說：「這下你知道為什麼你領的跟另一個莫伊休不一樣的原因了吧？」

工作要懂得「聞一知十」

這個職場裡有兩個莫伊休，一個領週薪兩茲羅提，另一個領六茲羅提。

領兩茲羅提的莫伊休，是個完全按照主人吩咐辦事的年輕人。如果他是那種不按主人吩咐做事的人，又或者是做的跟主人交待的不一樣，肯定會被請出門。從這一點來看，這個年輕人還算可取。

但是換個角度來說，此人也只會根據主人交辦的做事。不像領六茲羅提的莫伊休，是個連主人沒說的也給打點好的能幹之人。

有句成語叫「聞一知十」，比喻懂得舉一反三，稟賦聰敏且理解力強。這麼說來，領兩茲羅提的莫伊休，只是個「主人說一才做一」的料。

反之，另一個**領六茲羅提的莫伊休是個懂得「聞一做十」的人。**差別就在於，接到主人「去打探什麼消息」的指示之後，能否觸類旁通，想像「主人為什麼想要知道那個」。

日語有句慣用語叫「兒童差使」（こどもの使い），比喻不得要領、沒什麼用處的僕

役——指的也就是像領兩茲羅提的莫伊休做事的方式。舉例來說，日本上司斥責下屬的時候，可能會這麼說：「又不是兒童差使！要拜訪的客戶不在，你就只回『好的，我了解了』後就回公司，哪有這樣做事的？」

不過，不可小看兒童幫忙做家事的寶貴經驗。常言道：幫家裡打掃、洗衣服、買東西、做飯、收拾整理、照顧弟妹和長輩等經驗，有助於培養日後的工作能力。在《幫忙至上主義！》（三谷宏治著／PRESIDENT社）一書裡，提到這麼一件事。

這是發生在一家新興企業的故事。大學剛畢業的新人被分發到部門幾個月後，人事部就接到來自部門主管的抱怨。說是今年的新進員工「不機靈」、「做事沒方法」、「光說不練」、「不懂得感謝前輩的指導」……總而言之就是沒三小路用。感到困擾的人事部重新做了一次社內調查，試圖找出「可用」與「無用」的人才判別點。**結果發現，被評為「可用之人」的新人，小時候都有幫忙做家事的經驗，「無用」的新人則無此經驗。**可見「小時候幫忙做家事的經驗」會左右長大後的工作品質。從此以後，那家公司決定「不錄用小時候沒有幫忙做家事的人」。

那麼，幫忙做家事跟工作能力有什麼關係呢？幫忙做家事，是從父母親那裡接到指示，被委任處理一部分的家事。小孩可以在這一過程中，自然培養溝通能力、安排能力、計畫能力、問題解決能力，以及撐到最後完成交辦事項的能力等。

№21

賣鞋的業務員

香港有個經營製鞋廠的人。有一天這個老闆想知道南太平洋的孤島上是否存在鞋履市場，便派了一個業務前往視察。業務看過當地的情況後，立刻發電報給老闆：

「島上的人不穿鞋，所以這裡沒有市場。」

半信半疑的老闆又派了另一個業務去。這次回傳的電報是這樣的：

「島上的人不穿鞋，所以這裡存在很大的市場。」

對此仍感到質疑的老闆三度派人前去視察，但這次出任務的，跟之前兩個業務不一樣，還具備了行銷專長。此人在與當地人和部族長老交談過後，打電報給老闆：

「島上的人不穿鞋。他們的腳因此而受傷，還留下疤痕。我跟長老說，穿鞋可以解決島民腳傷的煩惱。他聽了非常感興趣。根據他的試算，如果一雙鞋賣十美元，有七成的島民會購買。第一年大概就能賣出五千雙。這樣的話，就算扣除運到島上的費用和建立島內通路所需的成本，還是有創造高利潤的可能性。事不宜遲。」

需求不在尋找，而是出於創造

同一件事，每個人產生的反應不同。第一個業務從「島上的人不穿鞋」的事實，做出「市場不存在」的判斷。第二個業務從「島上的人不穿鞋」的事實，判斷「存在很大的市場」。同樣的事實，卻導出截然不同的判斷，真是令人玩味。

我們也可以把這兩個業務的差異想成是，用消極還是樂觀的態度看待事物。就跟看到一杯裝了五分滿的水，是要想成「只裝了一半的水」，還是要想成「已經有一半了」一樣。

再看到第二個跟第三個業務，他們同樣感受到「存在很大市場」的可能性。但是第二個業務就此打住，第三個業務則在進一步確認其可能性的點上表現傑出。

第三個業務的工作態度，讓人聯想到顯在和潛在的兩種市場需求。顯在需求是存在明顯的需求，可直接結合商品購買的需求。潛在需求是，出於商品價位過高、資訊不足等因素，還未在現實環境裡顯現的需求。

島上雖然還未出現顯在需求，但是第三個業務已經感受到潛在需求存在的可能性，並經由調查的手段突顯這個可能性，引導潛在需求變成顯在需求。

在拓展新通路的時候，最重要的是先確認那個地區和現場是否存在需求。就算沒有顯在需求，有潛在需求也行。有顯在需求的話，雖然可以立刻展開交易，通常也表示那裡已經有其他競爭對手存在，附加價值較小。反之，發掘潛在需求，雖然需要投注時間和金錢，順利的話就可以變成有高附加價值的商機。

№22

家禽霍亂疫苗的發現

一八七九年的某一天，法國生化學家路易．巴斯德（Louis Pasteur，一八二二～一八九五年）從長達三個月的假期回到職場，重新投入放假前進行中的實驗。

注射新鮮霍亂菌培養液的雞，一般來說會在二十四小時內死亡，但是有隻雞在注射擺放了三個月的培養液之後，不但沒有生病，還活蹦亂跳。那個霍亂菌培養液怎麼會擺了三個月？原來是巴斯德的助手疏於按照指示，沒有每隔一小段時間就重新培養細菌。

助手的怠忽職守，讓人以為實驗會以失敗收場，但巴斯德沒有讓這個失敗所帶來的幸運從眼前溜走。他又給那隻雞注射新鮮的培養液，結果仍舊精力旺盛，未顯病態。巴斯德用創意成功掌握了偶然臨門的機會，利用活動力減弱的細菌培養液，成功製造雞的免疫力，導出了「活動力減弱的微生物，不會造成生病，反而帶來免疫力，可用來做疫苗」的新事實。

幸運要靠「聰明」和「有創造性的寬廣心胸」來掌握

這個故事在討論機緣巧合（serendipity）於科學發現所扮演的角色時，一定會被提出來。serendipity這個字是由英國作家霍勒斯・渥波爾（Horace Walpole）所造。

渥波爾小時候曾閱讀波斯「塞倫迪普的三個王子」（The Three Princes of Serendip）故事，描寫「三個王子出門遊歷的時候，總是遇到各種意外，憑藉著三人的聰明才智，意外發現尋找標的以外的東西」。serendipity一字就是從這個故事得到啟發的。這個字在「寬鬆」的定義下，經常被用來指為「偶然的意外所帶來的幸運發展」。然而這層意思裡忽略了聰明的要素。

從本篇介紹的故事也可以清楚明白，空有幸運的偶發事件也無法促成新發現。聰明的人才能夠掌握幸運的意外，否則就只能任由它從指縫溜走。

跟聰明一樣重要的是有創造性的寬廣心胸。能有重大發現的人，不是從A點到B點循理論逐步邁進的人，而是在尋找X的時候，偶然碰到「不明」的Y，卻不因為不知道那是什麼而放棄Y，反而很有耐心地思考與X之關聯性的人。也就是具有開放態度、廣泛知性的人。

這一則故事帶給我們的啟發是，尋找對自己重要的東西時，不乏偶然會發現有別於尋找標的之其他價值的東西的情況。然而這個前提建立在本人需具有不讓偶然的意外溜走的「聰明」與「有創造性的寬廣心胸」。

這個故事如果只是到這裡就結束，算是具有啟發性的佳話。但日後出現了新的發展。

本篇介紹的，屬「家禽霍亂疫苗的發現」標準說法範疇，也是直到近年為止仍被許多傳記作家反覆傳頌的版本。然而後人在分析當年的實驗記錄之後歸結出，家禽霍亂疫苗的發現並非「偶然」，而是主要由其中一位助手經過長期縝密且具計畫性的研究所取得的成果。這個結論在近年大大動搖了標準版的地位（《路易・巴斯德》路易茲・E・羅賓斯著／大月書店）。

從這裡還可以得出一個教訓是，跟科學家有關的故事，有時聽聽就好。

激烈的同行競爭讓每個人都關起來做實驗，實驗室成了密室，再加上想要把只有少數幾個專家才理解的內容寫成一般人都看得懂，還要讀起來妙趣橫生的故事，撰寫過程中不免出現過於誇飾，甚或一人獨力完成的情形。

第 5 章

堅強的組織精神

№23

壞人齊聚一堂的家

這是發生在某個村子的故事。有兩戶人家相鄰在一起，其中一戶是七人的大家族，但完全不起爭執，過著和樂融融的日子。另一戶人家只有三個人，卻每天吵吵鬧鬧，過著百般無趣日子。

有一天，三人家族的主人到隔壁家裡閒聊：「聽說你們家那麼多人，一向相安無事，我們家才三個人，怎麼就跟戰場一樣，每天吵個不停。你們是怎麼做到和睦相處的呢？」

七人家族的主人回答：「可能是這樣吧，我們家是壞人齊聚一堂，而你們家全是好人。」

三人家族的主人聽得一頭霧水，追問：「七個壞人聚在一起的話，哪天肯定會吵起來。但你說因為全是壞人，所以不會吵架，這是怎麼一回事啊？」

「哎呀，這也不是什麼難懂的道理。舉個例來說好了，在我們家，不管是火盆倒了，還是茶碗摔破了，馬上就會有人說『是自己不好』、『是自己不小心』或是『自己過於輕率』，個個爭先恐後地搶當壞人，也就吵不起來。但你們家就不同了，一有什麼過失，人人都想當好人，老用『我什麼都不知道，都是你的錯』的言行互相推卸責任。火盆倒了的時候，肯定有人一心只想當個好人而說出這樣的話『就是因為你把它放在這種地方，想要讓人不踢到它也很難。有哪個笨蛋會一聲不響地把火盆放在這麼暗的房間裡啊？』或當茶碗從櫃子掉到地面摔破的時

候，也一定會有人大聲斥責『這個櫃子本來就有問題，不能怪我沒有把碗放好。是誰做的櫃子，怎麼這麼差？』藉以逃避自己的過錯。所以你們家沒有一天不在吵架。我們家人人搶當壞人，而你們家人人競相當個好人，結果才會變成我們家不起紛爭，而你們家爭執不斷的吧。」

聽完這番話，三人家族的主人總算理解而有所覺悟。據說從此以後，他們家努力學習互讓，變成圓滿的家庭。

想說是自己「不好」，這樣周圍就會「變好」

「壞人齊聚一堂的家庭」可說是自責思考之人的集合，而「好人齊聚一堂的家庭」則充滿了他責思考的人。自責思考是「遇到問題發生的時候，想成原因出在自己，試著改善自我言行的思維」。反之，他責思考是「遇到問題發生的時候，認定原因出在他人，強迫他人改進言行的思維」。

把寓言裡的家人想成是公司組織時，也可以得到以下的結論。由**自責思考之人組成的組織，由於人人對問題都持有當事者意識，形成堅強的團隊。反之，成員盡是他責思考之人的情況下，會把問題視為是他人的問題，組織能力衰微。**

舉例來說，當自己犯錯的時候，兩種員工對情況的認知會有所不同。自責思考的員工會想成是個人做事方法不對、自己沒有做好充分確認或是自我努力不夠等。所謂反省是改善之母，這種人一定會做出改善的行動。

反觀他責思考的員工，會把過錯推給他人，認為是前輩不好，沒有給出明確的指示；是上司不好，沒有盡到支援與跟進的責任。有時連沒有完備的手冊可以參考的職場環境，也成了怪罪的對象。

結果造成「問題的原因不在自己的職責範圍內，所以無能為力」的想法，導致身為禍首的本人成了旁觀者，沒有想過要採取行動，問題也就一直沒有獲得解決。

原則上，能幹的員工一定是偏向自責思考，差勁的員工則偏向他責思考。然而自責思考並非萬能。

有兩點需要注意。一是極端的自責思考有害身心健康。過度的自責思考會帶來壓力，提高罹患憂鬱症和精神疾病的危險性。二是當自責思考過於強烈的話，可能會導致除了自己之外，對他人的工作、體系以及社會環境等的關心變得薄弱。

№ 24

木桶裡的酒

某個位在深山的猶太人村子裡，即將迎來新的拉比（Rabbi，是猶太律法對合格教師的稱呼）。村人決定在拉比到任的那天舉行慶宴，他們在教堂的中庭放了一個空木桶，說好在拉比到的前一天，每個人都要在桶子裡倒入一瓶分量的酒。

木桶如期地在拉比抵達的當天盛滿了酒。村人先是忙著給新來的拉比介紹居住環境，帶他前往猶太教堂，眾人在那裡做完禱告之後，進入宴會的時間。很奇怪的是，從桶子裡倒出來的酒怎麼喝起來跟水一樣，完全沒有酒味。長老們在新任的拉比面前感到困惑與羞愧，全場一片肅靜，人人如坐針氈。不久，有個坐在角落的貧窮人家站起來發言。

「我要跟各位自白。我想說大家倒的都是酒，就算我倒的是水，應該也沒有人會發現。」話一說完，另一個男子立刻站起來說「其實我也是……」，然後陸續有人表示：「我也是」、「我也是」，最後發現全村的人都是共犯。

「應該不差我一個……」的想法會破壞整個團隊

這一則故事帶來的教訓是，「自己偷懶的話，應該也不差我一個……」的想法在組織裡蔓延開來的時候，會讓整個團隊崩潰。只要有人在背後幫忙擦屁股，個人的偷懶和敷衍了事就不會浮上檯面。然而一旦偷懶和打馬虎眼的人多於幫忙擦屁股的人，問題很快就會表面化。

據說日本前國家足球代表隊教練岡田武史，經常講述類似的「慶典之酒」故事給選手們聽。他在某次演講中透露了一段練球的場景。有次他號令「全員做體操的時候要一起喊口號」，但實際只有約三分之一的人這麼做。「我不是叫你們全部的人都要喊口號嗎？」一問之下，有個選手回說：「我以為就算我沒有喊，其他人也會出聲。」「你們說，如果所有人都這麼想的話，會變成什麼樣子？每一個人都不把它想成是『自己的團隊』，那還有什麼好練的！」「大家的團隊」，聽起來很響亮。但那背後是不是隱藏了縱容自己的想法，「就算我一個人小小偷懶的話，應該也沒有關係吧」。**每一個人都強烈認為「是自己的汗水與智慧在支撐整個團隊」**，才是「自己的團隊」這句話的真實意義所在。唯有強烈的「自己的團隊」意識聚集在一起的時候，才能組成無敵的「大家的團隊」。

№25

雲雀搬家

春天來了，雲雀在麥田裡築巢。

初夏的某一天，一大群村人來到麥田：「差不多該是眾人合力收割的時候了。」聽到村人對話的雲雀寶寶慌張地說：「媽媽，人類要開始收割了，我們快搬家吧。」但是雲雀媽媽一副老神在在的樣子回答：「還沒，不用怕。」

過了幾天，麥田裡來了三個村人：「該是要收割了。」這話又讓雲雀寶寶感到很緊張：「媽媽，不能再等了！人類要開始割麥子了。」但是雲雀媽媽不加理會地說：「放心，還不打緊。」

又過了幾天，這次只有一個村人來到麥田，喃喃自語：「那就開始幹活唄。」

這下雲雀媽媽才對寶寶說：「走吧，我們快逃吧。」

「只有我一個人也可以」的行動將牽動現場

筆者是在《豐田的上司》（OJT Solutions編著／中經出版）這本書裡看到這一則寓言的。書中介紹，這是以前在豐田汽車高岡工廠工作的員工從上司那裡聽來的「比喻」。以下是那位上司想要表達的內容。

在工廠內用「大家不一起做不行」呼籲員工做清潔的時候，沒有一個人響應行動。這表示現場還沒有把它當一回事。這時如果有個成員拿起掃把說「我來」的話，現場將泛起一股認真打掃的氣氛。身為職場的領導者，必須確實看清這一點。

這一則故事的啟發在於，「大家一起來」的喊話是不被理睬的。**唯有其中有人採取「不管他人如何，我自己一個人也可以」的行動時，現場才會開始動起來。**這讓人聯想到，多重檢查反而造成錯誤增加的可能性一事。一般來說，可能導致重大事故的業務，通常會實施雙重甚至三重的檢查作業。但是由一人以上的兩、三人層層把關，感覺分散了職務責任，進而心生「反正還有其他人在，應該沒問題。自己也就沒有必要這麼認真了」的想法，結果導致多重檢查的實施反而降低安全性的可能性。

№26

水槽裡的梭魚

在水槽的正中央放入一塊透明的玻璃隔板，把水槽隔成兩區。之後在兩邊各放入幾隻※梭魚，以及當作魚餌的小魚。

隔板阻攔了梭魚捕食小魚的行動，每當梭魚衝向對面總會被彈回來。三番兩次下來，梭魚也就放棄了。

在那之後，即使取出玻璃隔板，梭魚還是安分地守在原地，完全沒有想要靠近小魚的跡象。

經過一段時間之後，在水槽裡放入新的梭魚。只見這隻新來的菜鳥直接衝向小魚，一旁的老鳥才猛然大悟「那餌是可以到手的」，於是爭先恐後衝上前去。

※【梭魚】生長在日本沿海，會頻頻追捕沙丁魚等魚類。大大的嘴巴有一口尖利的牙齒，以生性兇猛、具攻擊性而聞名。

不同性質的人才方能突破組織的界線

梭魚三番兩次衝向小魚，想要飽食一頓，卻因屢次受到透明玻璃隔板的阻攔而逐漸失去動力，最後乾脆放棄追捕獵物的想法。

這是因為梭魚陷入了「習得性無助」（Learned helplessness，美國心理學家馬丁・賽利曼所發表的理論）的狀態，意指持續處於徒勞無功的經驗和狀況下，會形成「做什麼都沒有用」的想法，進而放棄努力的現象。

有不少組織陷入這種無力的狀態。無力感會在個人內心經由學習而累積，甚至透過疑似體驗傳染給沒有失敗經驗的人，最後擴散到組織全體。

想要在無力感蔓延的組織裡注入活力，就需要在其中置入不同性質的人才。最典型的就是轉職者和社會新鮮人，他們因為無知、缺乏經驗，有時還缺乏常識等性質而具有力量。

№27

配戴防護鏡

這是發生在義大利一家化學工廠的故事。這家公司規定，所有的作業員在作業的時候一定要配戴防護鏡，避免異物侵入眼睛。但真正遵守規定的僅在少數。儘管經營幹部和現場督導下達「戴上防護鏡」的命令，現場作業人員仍把它當成耳邊風。

在經營幹部和現場督導參加的會議上出現了各種意見，有人說「應該實施糾正作業員本性的教育措施」，有人認為「把作業員當成壞人看待的這件事本身就有問題」，也有人覺得「錯不在作業員，問題可能出在監督的人。現場督導應該去上課，學習專業指導技巧才對」。

到底是作業員不好，還是現場督導的問題？從「雙方都有錯」到「不不不，是經營幹部有問題」，人人各執己見，僵持不下。不但找不到解決問題的線索，還把氣氛搞得很差。

公司於是從外部找來顧問協助解決問題。會議中顧問詢問問題何在？答案是「作業員不肯配戴防護鏡」。

顧問又問，要怎麼樣才算解決？直截了當就是「作業員作業時肯配戴防護鏡」。

「那要怎麼做才行？」這問題問得在場所有的人面面相覷，一臉驚訝的表情，「就是不知道才傷腦筋啊……」。

「換個帥氣一點的防護鏡，這樣可能就會想要戴了。」某個人做出如此半開玩笑的發言之後，引來另一個人反應：「沒錯，對義大利的男人來說，外表很重要。這搞不好是個不錯的點子。」其他的人也跟著說：「那就來個像雷朋反光墨鏡一樣，看起來很酷的太陽眼鏡風格的防護鏡，如何？」「好耶，這麼一來大家應該就會戴了。」

公司很快試做一批帥氣又時尚的防護鏡，交給某一班的成員試戴，結果每個人都戴得很開心。幹部們在確認效果之後，決定發放新的防護鏡給所有的作業員。不但人人樂於配戴，就連不需要戴的地方也不願取下來。

試著改變看待問題的觀點

我們遇到問題的時候，通常會試著找出原因，看看是「哪裡出了問題」、「哪裡不好」。如果是機械故障，揪出壞掉的零件，進行修理或替換之後就能回復正常。

組織的問題卻不如此單純，難以像機械一樣找出特定的原因。就算是形同「不良品」的問題，也無法像機械一樣簡單「修理」和「替換」。更何況組織的問題多出在人與人之間。像張三和李四都是「良品」，但這兩人組成團隊之後反成了「不良品」的情況也是有的。

人們在遇到問題的時候，會用兩種方式來處理，一是追究原因，二是尋求解決。前者是把「焦點放在問題」，思考為什麼進展不順利，試著找出原因。後者是「聚焦在解決問題」，暫時把為什麼不順利的疑問給擺一邊，極力思考「要怎麼做才能順利進行」。

「配戴防護鏡」的案例是從「追究原因」轉向「尋找解決」進而取得成功的例子。當然，這兩種方式沒有所謂的前者不好、後者為佳的問題。這裡想說的是，對這兩種方式有所認知的話，就能大幅拓展問題解決的範圍。

「電梯與鏡子」也是類似的案例。管理公司接到辦公大樓承租戶的抱怨：「電梯等候時間過長，希望能有所改善，否則將搬出這棟大樓。」內部想到的解決方法有增設電梯和改成最新的高速電梯等。但不管是哪種，都需要耗費鉅額的資金。

這時有個員工做了「在各樓層的電梯前設置大鏡子」的提案，順利解決問題。等待電梯的時候，幾乎沒有人不看看鏡子，檢查自己的服裝儀容、表情和彩妝的狀態。並非電梯等待的時間變短了，而是感覺等待的時間沒那麼長了。這就是把問題從「等待電梯的時間很長」轉成「等待電梯的時間感覺很長」。

第6章

工作的態勢與工作的意義

№28

花白頭與兩個妻子

有個頭髮花白的男子，同時和兩個女性交往。她們的年齡各在男子之上和之下。

年長的那位，羞於在人前跟小鮮肉走在一起的關係，每當男友來訪的時候，總是很努力地挑出男子頭上的黑髮，加以拔除。

年輕的那個，為了隱瞞跟大叔交往的事實，每當男友來訪的時候，總會挑出男子的白髮，斬草除根。

在女友們交互拔毛的情況下，男子終於成了禿頭。正所謂，凡事要講求相稱，否則會成為傷害的源頭。

無論對象和公司，匹配為上

跟什麼人結婚，是自己和對方登對的問題。一般來說，生活水準、味覺和價值觀等差距過大的時候，婚姻不易長久維持。不登對的伴侶，是造成不幸的根本原因。

同樣地，**在什麼公司做什麼樣的工作，也是自己和「公司與工作」之間匹配的問題。**一般來說，可以從能力、興趣和價值觀，考量兩者的匹配性。依序說明如下。

第一是公司要求的能力是否與個人能力相符合。當後者超越前者，會產生「挑戰性不夠」的感覺，反之則會出現「工作吃力」的情況。

第二是興趣的一致性，也就是公司業務領務與個人興趣和關注的事物，是否有所交集。兩者重疊的話，工作起來會很開心，否則會感覺無趣。

第三是價值觀的吻合。對於公司重視的價值觀和據此形成的社內風氣，個人有幾分同感？兩者差距過大的話，就無法真心喜歡上這家公司。

順便來點閒談。

一則寓言的教訓，不一定只有一種版本。中務哲郎在《伊索寓言的世界》（筑摩書房）一書中，介紹了這一則寓言在訓示上的變遷。

在伊索版本裡總結出「凡事要講求相稱，否則會成為傷害的源頭」的教訓。《伊索風寓言集》的作者斐耶德羅斯（Phaedrus）和巴博利烏斯（Babrius）卻各自留下了「愛與被愛，男人總是為女人所奪」，以及「落在女人手上的男人很可悲……女人像大海一樣，用微笑吸引男人滅頂」兩種不同的見解。

拉封丹也循此寫下了這樣的結論：男人從頭髮這件事，可以知道女人自私的模樣，因而打消結婚的念頭。

這一則故事傳到日本之後，其訓示又出現進一步的變化，除了有「心猿意馬者，在今生與後世都無可救藥」的佛教借諭（出自《三國傳記》），也結合了儒家道德思想之「不可耽溺於美色，烈女不更二夫」（《伊曾保物語》）。把種種教訓套用在公司和自己身上也很有趣。

「不相稱為傷害的源頭」

「不管多麼地愛公司，員工總是被公司壓榨」

「心猿意馬，老想換工作的人，不論在哪家公司都無法得到救贖」

「忠誠的員工，一旦決定好追隨的老闆，就不事二君」……。

要選擇何者，就請君自便了。

№29

主人給的貨幣

準備動身遠遊的主人，喚來三個佣人，把錢交給他們保管。第一個佣人被交付了五※塔冷通、第二個是兩塔冷通、第三個是一塔冷通。就這樣，主人在沒有告知何時會回來的情況下，出門去了。

好幾年之後，主人終於回來了。召喚那三名佣人前來，數算他們手上握有的財產。拿到五塔冷通的第一個佣人，把錢變成了兩倍。拿到兩塔冷通的第二個人也把錢變成了兩倍。唯第三個從主人那裡拿到一塔冷通的佣人，沒有想辦法生財，而是埋在地下保管起來。

看到佣人用錢的結果，把五塔冷通變成十塔冷通，以及把兩塔冷通變成四塔冷通的兩人，都獲得了主人同樣的讚賞，與之同歡。至於把錢埋在地下，沒有善加理財的第三個佣人，被主人斥為「懶惰者」，放逐到外面的黑暗世界。

※【塔冷通】是古希臘和希伯來的貨幣單位，也是英語talent「天才、天資」的語源。

有才能卻不懂得運用也沒有意義

以下參考《借的哲學》（Nathalie Sarthou Lajus著／太田出版）一書，來思考這一則寓言。傭人從出遠門的主人那裡領受的塔冷通，是個人從上帝那裡得到的才能，而長遠的旅行是比喻「人的一生」，主人的歸來則意味著生命的結束。此外，主人歸來之後數算財產的情節，是審判死者能否上天堂。善用天賦者才能進入天國，浪費天賦者將被拒於天國之外。

人在出生的同時，從上帝那裡被賦與天資。生命是為了在世上發揮天生的才能而努力活著。既然天賦是上帝的禮物，只有接受的分。不但如此，還要有效發揮以幫助世人。

第三個傭人雖然接受了禮物，卻棄置不用，最後原封不動地還給主人，表示他未能正確認知這份禮物的意義何在。倘使他因為理財失敗而落得血本無歸，主人也不會怪罪他的。

天賦的分配純屬偶然，掌握在上帝手中。故事裡三個傭人各分得五塔冷通、兩塔冷通和一塔冷通。

也許有人會覺得這種分配太不公平。但是第一個人用五塔冷通賺到五塔冷通、第二個人用兩塔冷通賺到兩塔冷通的時候，主人對兩人給與同樣的讚賞。也就是說，被賦與得越多，要還的也就越多。領受得少的，只要還等量的分即可。從這一層意思來看，上帝是公平的。

從這裡也可以導出「只要活出與蒙召之恩相稱的生活即可」的訓示。

上帝要的，是**人人能善用自己的天賦，全力付出。**

№30

葡萄園的雇員

葡萄園的主人起個大早出門雇用人手。一開始用一天一※銀幣雇用他們去自己的園子工作。到了九點左右，主人再度前往察看，市場上仍不乏遊手好閒之人，便跟他們說：「到我的葡萄園工作去，許你們一天的薪餉。」在中午十二點和下午三點左右，主人同樣到市場，叫人去他的園子工作。直到傍晚五點左右，還是有人在等待工作機會，主人仍舊說：「如果想工作的話，就到我的葡萄園去。」

天黑了，主人叫帳房來發薪水給雇員。帳房先從傍晚來的人付起，給他們一人一銀幣。早上就來報到的人看到這種情形，以為自己可以領得更多，結果也是一銀幣，便向主人抱怨：「我們一整天下來，頂著炎暑工作，結果領到的跟傍晚才來做沒兩下的人一樣，太不公平了。」

主人說：「我有做虧負你的事嗎？你是在說我跟你說好工資一銀幣，但只付了一半嗎？趕快拿了跟你約定好的日餉走吧。對傍晚才來的人，我也要付給他同樣的工資啊。」

※這裡的銀幣指的是古羅馬銀幣denarius。

個人的能力也附屬於社會

對生活在現實世界的你我來說，一早就來葡萄園報到的人抱怨不公的情況，就常識而言是很合情合理的事。因為我們認定酬勞的多寡取決於工作時間和成果。

這個世界是建立在優秀的人領得多，而能力較低之人只能得到少數報酬的原理之上。然而這一則故事背後，有其他的原理支撐著，那就是**「不管個人能力為何，每個人都是『無可取代的存在』，無法用勞動時間和成果來做比較」**。那是因為這一則故事描寫的不是現實的世界，而是天上人間之「愛的共同體」。

試問，這兩種原理是完全不相容的嗎？並非如此。政治哲學家羅爾斯提出的思想就做了這麼一個嘗試。

羅爾斯基本上以能力主義為前提，但既然個人能力是偶然分配的結果，那就不屬於個人，而是「社會的共同財產」。他認為理想的社會是，有能力之人所創造的財富要用於社會弱勢者，打造有力人士幫助無力者的社會，同時也是有力之人要為可以多勞而心懷感激，並獲得無能力者感謝的社會。

細想個人的能力，究竟是上天隨機分配而得的運氣，還是靠自我努力累積起來的結果？筆者認為這兩者是無法劃清界線的。為什麼？因為能夠盡到努力也是種運氣。

理由有二。一是擁有懂得努力這種與生俱來的資質。例如說，小學低年級的學童，智能程度相當，但有的懂得努力（不以努力為苦），有的則無法努力（討厭努力），只能說是天性使然。

二是後天環境培養出努力的特性。有人生活在想要唸書也無法一償心願的環境下，也有人在只要願意就能盡情學習的環境下長大。舉極端的例子來說，難民屬於前者，而現代的日本人幾乎都是後者。

№31

三個磚頭師傅

有個旅人問在工地作業的人說：「你們在做什麼？」

第一個人回答：「在堆磚頭。」

第二個人回答：「在築牆。」

第三個人回答：「在建設※大教堂，用來禮讚天主。」

※【大教堂】羅馬天主教裡設有主教座位的教堂，又稱「主教座堂」，是主教區的中心。傳說第一個大教堂建於西元四世紀左右。

思考眼前的工作目的何在

同樣是從事堆磚工作的三人，對手上正在做的事卻有三種不同的回答。

第一個師傅只簡單回答了「堆磚頭」的行為。

第二個師傅回答了堆磚是為了「築牆」的目的。

第三個師傅不僅給出了築牆是為了「建造大教堂」，還附加說明這是為了「用來禮讚上帝」的目的。

人類的行為一定是出於「為了什麼而做什麼」的架構。在某個行為的目的之上存在著其他目的，姑且以「目的和手段的連鎖關係」來稱之。舉這一則寓言為例，其行為建立在「堆磚頭→築牆→建造大教堂→禮讚上帝」的架構上，上層的目的決定與控制了下層的目的。

筆者試著從這一則寓言裡得到兩種啟示。

第一個是，工作時盡可能擴大目的和手段連鎖的想像是有益的。我們可以從故事中簡單了解到，三個師傅的說法，一個比一個更能突顯工作的意義。

杜思妥也夫斯基說，對人類而言最可怕的罰責是，一生被科以「徹頭徹尾無益且無意義的勞動」。試想一早就開始堆磚，到了傍晚又把一整天堆砌起來的成果給破壞殆盡的工作，是多麼沒有意義的事。

實際生活裡大概不會出現這等無意義的工作指派。然而，你我不也經常在未能充分了解到工作的意義之下，只是做著那分工作？又或者在僅被告知極小範圍的「目的和手段的連鎖關係」之下執行工作？這樣跟囚犯受到的酷刑有什麼不同？

第二個啟示是，思考自己的工作跟個人幸福又或眾人的幸福有何關係。前面提到的「目的和手段的連鎖關係」，並非無限延續的。按照哲學家亞里斯多德所言，「為了……」的目的，到最後都會歸結到「因為想要變得幸福」這個目的。

想想有個大學生早上站在洗臉台前整理儀容。為何梳洗？→因為要去學校→去學校的目的是？→為了將來能夠找到好工作→為什麼想要找好的工作？答案是「為了享受美好的人生」。這跟「希望能過得幸福」的意思是一樣的。

同樣地，上班族著眼自己正在做的工作，往下深掘，也會溯及到「為了享受美好人生」的最終目的，亦即「希望能過得幸福」。

試想，**自己現在從事的工作，跟個人幸福以及眾人的幸福，有什麼關係？**

№32

斥責孩子的父親

「喂，不要躺在那裡偷懶，快去唸書！」

「為什麼一定要唸書？」

「不唸書的話怎麼上得了好學校！」

「為什麼一定要進好的學校？」

「不是名校出身，怎麼進好的公司！」

「為什麼一定要進好的公司？」

「沒有好的頭路，怎麼過好的生活啊！」

「什麼是好的生活？」

「嗯……，就是可以躺著，什麼事也不用做吧……」

「那我現在不就是這樣了嗎？」

不用工作的人生是幸福的嗎？

這是父親在跟孩子一來一往之間，竟然得出「好生活＝躺著過生活」這種結論的笑話。然而，不用工作，成天躺著沒事幹，真的就是眾人追求的幸福嗎？筆者直覺，不是這樣的。至少這不完全貼近日本人的工作觀與人生觀。

來個思考的實驗。假設現在有個人在三十歲買年終彩券中大獎，頭獎和前後獎（頭獎號碼的前後兩組號碼）加起來總共有十億日圓的進帳。這人立刻辭去工作，過著每天遊山玩水的生活，直到八十歲去世。應該沒有人不羨慕這位仁兄中頭彩的好運吧。但是他的人生真的值得羨慕嗎？就算聽說那人買了一棟房子、出門有高級房車代步、環遊世界，過著優雅的生活，多數人應該還是會覺得他這五十年來過得無所事事吧。

人為什麼要工作？第一個浮現的是經濟因素「為了賺取生活費」。但應該不僅只於此。有些人就算擁有一輩子不愁吃穿的資產，還是選擇繼續工作。也有不少高齡者抱著「趁身體還硬朗的時候，無論透過什麼樣的形態都想持續工作」的想法。這麼看來，工作的理由應該就不只是為了糊口。第二個答案是社會因素，「因為工作是義務」。日本憲法第二十七條規定，「所有的國民有勞動的權利與義務」。日本國民應該循著社會成員的角色，負起維持社會永續發展的責任——這也是工作的理由之一。

除此之外就沒有其他的理由了嗎？應該不是的。除了前述兩個原因，以下再列舉透過工作所能獲得的東西——嚐到自我實現之快樂的個人因素為例。

①可藉機逃離惡。《禮記．大學》有云「小人閑居為不善」，意指小人物閒來無事就容易作惡。你我幾乎都屬小人物的範疇，工作能讓我們遠離白天就開始喝酒、沉迷於賭博等情況。

②促進與他人的交流。幾乎所有的生產活動都免不了與他人有所關聯，不只是同事、往來廠商和顧客，也包括與動植物的交流。職場雖然是要求嚴格的「戰場」，卻也是交流的場所。

③可以發揮自我能力。不只是人類，動物也在充分發揮能力的時候會感到喜悅。反之，一旦無法發揮所長，人就會陷入鬱卒的狀態。

④獲得成長與進化。經由遇見各式各樣的人、一邊學習很多事物，一邊熟練各種業務之下，可以獲得成長與進化成專業人士的成果。

⑤滿足被認同的欲望。我們在受到上司賞識和顧客感謝的時候，一句「幹得好！」、「下次也交給你了！」，又或「謝謝！」、「真是幫了很大的忙！」都能讓人感受到工作的價值。因為這些話代表了自我能力與人格受到他人的肯定。

你我不只是為了「金錢」和「義務」等外在目的而工作，不要忘了「工作是為了活出自我」和「內心渴望做那個工作」的內發性理由。

№33

效率差的農務

孔子的弟子子貢前往南方的楚國遊歷，回晉國途中，經過漢水之南。看到有個老人正在整地準備種菜。老人挖了一條地道直通向井，來回抱著水甕澆灌菜園，勞苦費力，一點效率也沒有。

子貢忍不住開口跟老人搭起話來。

「您知道嗎，有一種機械是可以一日澆灌百畦，不但省力又能收到好的功效，難道不想試試？」

老人抬起頭來看看子貢，問說：「該怎麼做呢？」子貢因而解釋起※桔槔這種裝置：「在木頭鑿洞，搭建成機械，後重前輕。用這個提水的話，可以像抽水一樣，讓水快速溢出。這種機械的名字就叫桔槔。」

老人聽了忿然作色，譏笑地說：

「我從我的老師那裡聽到這樣的話。有了便利的工具，必然出現機巧之事。有了機巧之事，必然產生機變之心。內心存有機變的想法，就會失去純潔的心性。失去純潔的心性，會導致心神不定。精神無法專注的人，無以載道。我不是不知道你說的桔槔，而是因為感到羞恥才不願這麼做的。」

子貢聽了之後滿臉通紅，羞愧得低頭無以回應。

※【桔槔 ㄐㄧㄝˋ ㄍㄠ】利用柱子支撐橫木，在橫木的一端繫上石頭，另一端繫上水桶，藉由石頭的重量吊起水桶的汲水裝置。

工作的醍醐味不是效率可以言盡的

使用桔槔的話可以簡單汲取井中的水，但老人不想用這種便利的工具，仍選用進到井裡抱甕灌圃的方式。在旁人看來，再沒有比這種方法更沒有效率的了。

老人為什麼要這麼做？因為師者有云：「有機械者必有機事，有機事者必有機心。」

根據《廣辭苑》的解釋，機事為「機巧、巧詐的事情」，機心是「巧詐詭變的心」。唐木順三在《關於「科學家的社會責任」備忘錄》（筑摩書房）裡說明，「機心，與投機心有相通之處，也跟好奇心有關」、「機械、機事和機心，跟天然自然的純真是相對的概念」。

老人在辛苦抱甕灌圃之餘，肯定也想過盡量用有效率的方法來解決，卻又拒絕用桔槔來提升效率。老人是特意與機械劃清界線，因為一旦用了桔槔，事後肯定會想要尋求更具效率、可以減輕勞累的工具，形成工作上有所進步，但進步又會產生更加進步的要求，最後變得沒完沒了。

字根豐在〈希望「自給」是基本教義派〉（《自給再考》西川潤與其他著／山崎農業研究

所）中提到這一則寓言，說明老人拒用桔槔的理由如下。

「因為樂在工作本身。看似單純的作業，卻是為了農作物而勞動，可以讓作物感到開心。這樣的話，也可能引來反論，用桔槔不也能讓作物感到開心嗎？實則用了桔槔之後，會產生依賴機械的心（機心），追求效率的心（機心）終是導致農務之人感受作物開心的情感衰退。」

把生產視為消費手段的農家，不是為了作物而勞動，是為了買車、買家電，以及到海外旅遊等。如果從事農務是為了消費更多物質、創造更多閒暇時光的手段，腦子自然會不時思索更具效率的方法。

但如果農務不是為了達到消費和創造休閒的手段，就不能單純用效率來一言以蔽之。工作除了生產出物品外，同時也創造了與他人交流的契機和線索。

交流是彼此相處和樂融融、分享喜悅。認為工作不是為了消費和創造閒暇時光等其他目的之手段的人，就不應該一味追求工作效率。

第7章

良心與共同體

№ 34

天國與地獄的長筷子

地獄食堂和極樂食堂都坐滿了人。人人隔著桌子相對而坐，桌上擺滿了令人垂涎三尺的佳餚。地獄食堂和極樂食堂都有個規定，那就是必須用很長很長的筷子吃飯。

在地獄食堂裡，人人拼命地想一嚐盤中飧，但筷子太長，怎麼也無法把食物放進自己的嘴巴裡。想吃又吃不到，而且筷子的前端還會戳到旁邊的人，爭執四起，搞得整個食堂內烏煙瘴氣。

在極樂食堂裡，人人從容不迫地享受美食。仔細看，原來是大家彼此夾菜送進對坐的人口中，我夾給你吃，你夾給我吃。

不足，起因於爭奪

地獄食堂裡盡是「只有考慮到自己」的人。不時為了吃飯而起爭執，充斥著爭奪、暴力的行為。極端來說，在這裡，除了自己，其他人全是多餘的，甚至希望對方最好是能消失不見。

反觀極樂食堂裡充滿了「不只是自己，也顧慮到他人」想法的人，他們建立起互助合作而非互相爭奪的關係，而能維持秩序與和平。他們真心尊重「坐在那裡」的他人，深知無法單靠己力，必須借助他人的力量才能存活的道理。

我們也可以用另一種方式來區別兩者。在地獄食堂裡，人與人不彼此交心；在極樂食堂裡，人人心繫彼此。

相對於極樂食堂的人曉得「人無法單靠己力存活下來」，地獄食堂的人還以為「自己是一個人活著」，殊不知每個人都是受惠於無數的他人才得以這個世上存活的道理。這裡的他人，包含了家人、鄰居、同事、生長在同一時代的人，以及長久以來人類所蘊育的技術環境、傳統、習俗和法律等各種層面。

許多社會問題的產生，源自於爭奪。從個人到部族、到國家之間，不乏為了資源起爭端的問題。難道是因為資源的稀少性才這麼做，資源充足的話就不會起爭奪之心而彼此分享了嗎？答案正好相反。**資源不足是因爭奪而造成，懂得分享，才能創造剩餘。**

地球擁有龐大的資源。國家社會叫嚷資源不足的原因，豈不是因為有許多是被利用在非必要的事，如擴張軍備和奢侈的消費財上面？

爭奪的根基裡潛藏了「只要自己好就好」、「自己的國家好就好」的想法。放眼全球，有的領導者正為所欲為地推行本國至上的政策，好似在說「自己的國家好就好」。那種人臉上，毫無例外地就是一副傲慢無品的樣子。

№35

西瓜小偷

某個夏天夜裡，有個農婦帶著年幼的孩子走在回家的路上，看見田裡星羅棋布成熟的西瓜，好似成排的和尚光頭。皎潔的月亮照得大地彷彿像白天一樣明亮，站在四下無人的鄉間小徑，婦人突然起了歹念：「這麼多瓜，少一顆也沒人知道。」

這麼想的婦人於是叫孩子在一旁守備，自己則下田去準備偷瓜。就在婦人打算伸手摘下最大的那顆時，一股莫名的良心譴責讓她縮回了手，想要放棄，但「反正也不會有人知道」的想法隨即促使她繼續下去。

謹慎起見，婦人在伸手摘瓜前問孩子說：「沒有人看到吧？」

「媽媽，不用擔心，除了月亮，誰也沒有看到。」

這句話深深震撼了婦人，她感到良心的痛楚，驚慌地跑到孩子身邊。

「說得好、說得好。就算沒有人看到，也有老天爺在看。媽媽差點就因為輕浮的歹念犯下無可挽回的錯誤。還好有你說月亮在看，才讓媽媽免於犯罪。真是媽媽的小天使。」

說著婦人便抱起孩子，啾了一下。

心存僥幸會成為致命傷

猶豫要不要做壞事的時候，惡魔往往會在一旁輕聲教唆：「沒有人看見……拿走一、兩個也沒有人會知道……只那麼一次，沒關係的啦……」

在遊走犯罪邊緣之際，惡魔一開始都會溫柔地使出試探性誘惑。一旦接受了惡魔的邀約，就會上演一連串的誘惑——「……做一次跟兩次都一樣……就算現在打消念頭，也無法抹滅曾經幹壞事的事實……偷一個跟偷三個都沒差……」——結果越陷越深。這就是惡魔常用的手法。

犯罪意識會隨著做壞事的次數增多而降低。就像杜思妥也夫斯基說的：「人類是對什麼事都能很快習慣的動物。」因此，這一則故事是在告訴我們，**對抗惡魔，也就是拒絕「做壞事的誘惑」，關鍵在於第一時間。**

有句話說「天知、地知、你知、我知」，一般用來指「就算以為沒有人知道，至少還有天地眾神在看，你自己和同夥也知道，總會有暴露的一天」。除此之外，也有「不管有沒有人在看，都不可以改變自我的言行，一舉一動都要循正軌而為」的意思。

試想「被人看到」的這件事。任何人在眾目睽睽之下都很難出手幹壞事。那麼，換成人眼的照片或圖像，是否也能收到「被人看到」的效果？答案是出乎意料地效果很好。

像是北海道的士幌町為防止非法傾倒廢棄物，設置了人的眼珠的照片；兵庫縣神戶市也為了禁止違法停車而設置了放大眼睛圖片的看板，據說兩者都達到一定的嚇阻作用。就連小偷闖空門的時候，聽說也會在入侵後隨即把屋內的照片蓋起來，免得感覺「有人在看」而坐立不安。照片和圖畫也能讓人感受到「視線存在」的人類心理，還真是不可思議。

№36

百萬分之一的性命

這是筆者的朋友去墨西哥時發生的事。傍晚時分漫步在人潮退去的海邊，遠處彷彿有個人站在那裡。走近一看，原來是個當地人，他拾起岸邊的什麼，朝海裡扔去。細看，原來是海星。那人一一撿拾被沖上岸的海星，把牠們拋向海裡。

筆者的朋友不明白他為什麼要這麼做，因而跟對方搭話。

「你好。我從剛才就很好奇，可以問你在做什麼嗎?」

「把海星丟回海裡啊。你看，那麼多海星被打上岸，留在沙灘上。如果不把牠們丟回海裡，會因為乾涸而死去的。」

「這話聽起來很有道理，但是這個岸邊就有幾千個海星被沖上來，要讓牠們全部回到海裡，想也知道是不可能的事。更何況，全世界有幾百個像這樣的海岸。我能了解你的心情，但是救得了那麼一小撮，也救不了全部的海星，又有什麼用呢。」

男子聽了仍不以為意地撿拾海星，拋向大海，並露出潔白的牙齒微笑地說：

「現在回到海裡的那個海星，一定很開心。」

說著又拾起一片海星，往大海扔去。

再微薄的力量也能掀起大浪

既然無法拯救所有的海星，那救助的行為也沒有什麼意義，對其他海星來說也不公平——這種想法簡直是歪理，隱含了自我欺瞞的成分，明知道見死不救是違背良心和本意的作為，仍勉強予以正當化。救一個，是一個，只要回到海裡的那個海星為此感到開心，就有了意義。

看到有困難的人，我們會先想「自己能做什麼」，但很快又被「一個人能做的有限，就算做了也改變不了什麼」的想法給否定，結果良知就在莫名的無力感籠罩之下，埋沒於日常生活中。

其實正確來說，**個人的力量並非無力，只是微薄。**無力是再怎麼加總、乘積，還是等於零。**微薄的力量卻能透過加總和乘積，變成強大的力量。**

可曾聽過蝴蝶效應一詞？指位在某處的蝴蝶振翅時，會影響遠在其他地方未來的天候。是來自第一個提出此概念的氣象學者愛德華．羅倫茲（Edward Lorenz）的講演題目：一隻蝴蝶在巴西搧動翅膀，是否會在美國德州引起龍捲風。

雖然造成風吹和浪潮等天氣現象的，跟許多不確定的因素有關，很難說明是什麼原因造成什麼樣的狀況。但也不能排除在巴西的蝴蝶振動翅膀，跟引發德州龍捲風之間的可能性。

最初的力量再怎麼微小，經過組合與時間的蘊釀之後，會產生多大的影響，是誰也說不準的。不只自然現象如此，也可套用在社會現象。極微小的變化背後也可能潛藏了帶來巨大改變的契機。

№ 37

狐狸與熊

有個男子在森林裡漫步的時候，看到一隻受傷的狐狸，他想，可能是被獵人追趕，逃命的途中弄斷腿了吧。倒在樹下的狐狸因為飢餓，隨時可能受到死神召喚。

這時出現了一隻灰熊，嘴裡銜著獵物，半拖拉地往狐狸的方向走去。但灰熊似乎對狐狸視而不見，飽食一頓後便離去，離開前在狐狸身邊留下了部分獵物的殘骸。

隔天男子來到森林散步時，同樣看到灰熊在狐狸身邊留下了食物。到了第三天也是如此。

男子想起這幾天看到的情景，想著：「如果上帝對一隻受傷的狐狸是如此關愛有加，應該也不會忘了我吧。我要像這隻狐狸一樣，繼續相信上帝的愛。」

男子於是在森林的一角跪下來禱告：「天父啊，這隻受傷的狐狸教我，不管發生什麼事，都要堅持對祢的信仰。我也把自己誠心交給祢了。」

說完就躺在地上，等待上帝的恩賜。一天過了，什麼事也沒發生，男子的肚子餓得不得了。第二天過了，一樣什麼事也沒發生。到了第三天，還是什麼事也沒發生。這下男子生氣了。

「上帝啊，難道祢愛那隻狐狸比我多？我是如此相信祢，卻得不到祢的眷顧。為什麼不給我食物吃呢？」

男子走出森林回到鎮上，在路上看見一群餓肚子的貧困孩童，心生咒罵：「上帝啊，這不是太過分了嗎？為什麼祢不幫幫這些可憐的孩子？」

這時上帝的聲音在男子的耳中響起：「我做了什麼事啊，把你創造成人，對你卻感到失望不已。你本來可以跟學學那隻熊的，卻希望能一直像那隻狐狸一樣。」

你能為他人做什麼

男子在森林中看到的是，受傷的狐狸從灰熊那裡分得食物的情景，反過來說也可以想成是灰熊把食物分給受傷的狐狸。看到這場景的男子，手腳健全，卻沒有想過要變得跟熊一樣，而是模仿受傷的狐狸，躺在地上餓肚子，等待上帝為他做什麼。可惜什麼也沒發生。生氣的男子回到鎮上，看到一群餓肚子的孩童，也沒有想到要伸出援手，只是等待上帝的援助，仍舊是什麼也沒發生。

上帝對於男子明明可以仿效熊的作為，卻沒有這麼做的態度感到失望。本當可以站在給予的立場，為他人付出，卻選擇做一個等待別人付出的人。

這一則故事是在告訴我們：**「不要做個等待他人付出的人，做個為他人付出的人。」**也讓筆者想起「不要問國家可以為你做什麼，要問自己可以為國家做什麼」的名言，出自一九六一年約翰・甘迺迪（John F. Kennedy）發表第三十五任美國總統就職演說的內容。

說來，富足之人為匱乏的人做什麼樣的付出時，有兩種流向。一是人民繳納稅金，經由國家和地方政府做重新分配；二是個人捐贈。前者關乎正義——實現與維持保障社會整體幸福秩序的公理，跟政治有很深的關係。後者則是與擁有多寬廣的心胸之道德水準有關。

法國哲學家安德烈．康特．斯彭維爾（André Comte-Sponville）在《關於道德的微小論述》（紀伊國屋書店）裡，對正義和心胸寬廣度的差異做了以下論述。「正義和心懷氣度，都與我們和他人的關係有關。（中略）唯後者傾向主觀、個人的、情感的、自發性的。反之，正義是更為客觀、普遍性的、知識性的，有其深思熟慮之處。」

在日本，慈善捐贈文化尚未扎根，遠遠落後其他國家。

朝日新聞週刊《AERA》於二〇一六年七月四日號一篇名為〈繳納稅金已是盡其所能的貢獻 生活實無餘裕〉的報導指出，日本兩人以上家庭的年均捐贈金額僅三千四百零三日圓（出自日本總務省二〇一五年家計調查），在二〇一五年CAF世界慈善捐助指數（CAF World Giving Index）中，於一百四十五個國家裡排名第一〇二，也是先進國家排名最低者。此外，捐贈者人數也在二〇一一年東日本大震災達七千零二十六萬人的至高點之後一路下滑。是什麼原因讓日本民眾對慈善捐助轉為冷感？

原因出在「日本人根深柢固地認為『公共』歸屬國家責任，而納稅就已盡到個人對社會的責任。」日本人本來就對親人和顧客非常親切，但這分關心不及於他人，對社會弱勢者尤其抱以冷淡的態度。

筆者在外國的時候，好幾次看到板著一張臉、看起來凶悍的年輕人，見到推嬰兒車的母親、孕婦、殘障人士和高齡者時，爭先恐後伸出援手的情況。訪日的外國人之所以認為日本人很親切，可能是因為他們是顧客的關係吧。

以下做重點歸納。斯彭維爾在前書提到「跟心懷寬廣呈極端的是利己主義」。根深蒂固的利己主義削弱了寬懷的想法，導致心無餘裕，所以我們基本上選擇當一個利己主義者，卻又不完全單純奉行該主義。人就算無法經常發揮寬懷的氣度，還是能夠偶爾展現寬大的心胸。寬大的心胸是通往介於吝嗇與浪費之間，慷慨大方的美德。寬懷大度的慷慨之舉，不時把我們從利己主義的本性中解放出來。

№38

湯之石

一個衣冠楚楚的旅人來到某個村子的婦女家中，問她能不能分點食物吃。聽到女主人回答：「很抱歉，剛好沒有吃的」，旅人笑著說：「不必擔心。這個袋子裡有一顆湯之石，只要放進熱水中，就能煮出全世界最好喝的湯。能不能請妳弄個大鍋子來燒開水？」

女主人半信半疑地在灶上放個大鍋，煮起水來，中途還不忘跟隔壁的太太咬耳朵。結果等水煮開的時候，附近的人全都來了。旅人把石頭丟進滾水中，用湯匙舀一口來喝，說：「味道還不錯，再加一點馬鈴薯的話更好」。

站在一旁觀看的人自告奮勇地說：「我家有馬鈴薯」，說完立刻跑回去抱來一堆已經削好皮的馬鈴薯，放進鍋中。旅人又嚐了一口後表示：「哦，好喝！再放一點肉進去，就能變成一鍋美味的湯了。」

這次換別家的太太回去拿了一些肉來。旅人跟她道了謝，把肉放進鍋中。嚐了一口之後，不禁仰天大喊：「真好喝！」然後又說：「再來一點蔬菜就更完美了！」

另一個太太聽了立刻回去提來一整籃的蘿蔔和洋蔥。旅人把它們放進鍋中，過了一會兒嚐嚐味道，這次改用命令的語氣說：「拿鹽巴和醬料來」。「在這裡」，女主人隨即遞上。

「回去拿碗來！」一聲令下，所有人都跑回去拿碗，有的人連麵包和水果也一

起帶來了。

旅人盛湯，把美味到令人難以置信的佳餚分給每個人。所有人聚在一起說說笑笑，品嚐眾人同心協力的成果。在這個空間裡充滿了笑容，洋溢著幸福的感受。

旅人在歡樂的宴會中悄然離去，留下奇蹟的湯之石。

外來者對地區的作用

這是關於旅人和「湯之石」扮演活化地方社區催化劑的故事。湯之石只是一顆很普通的石頭，並不是蘊藏美味成分的魔法石。這顆普通的石頭，吸引了宅在家的居民外出，結合地方沉睡的資源，創造歡慶的空間。

謹慎起見，在此說明「催化劑」一詞，是本身不受化學變化影響，又能促使化合物相互起反應作用的物質，別名「觸媒」。

以下來思考一下地方社區和旅人的關係。廣井良典在《重新思考社區》（筑摩書房）裡，把社區（community）定義成「人類對它有種歸屬感，且成員之間存在一定的團結與相互扶持之意識的團體」，並總結特徵如下：

①家庭的成立正是猿人進化成人類的決定性要素。

②家庭和模糊的社會並不直接串連，兩者之間存在了社區這種中間團體。

③不管是家庭還是社區，如母親般的存在者，扮演著內部核心的角色；像父親一樣的存在

者，起到連接內部與外部的作用。

這裡要注意的是，地方社區具有對外部開放的性格。安定的地方社區，除了具有母親屬性（守護）的存在，也需要具備父親屬性（攻堅）的一面。**安定並非指完全不產生變化，而是在守護重要部分的同時，持續而巧妙地更新。**這麼說來，故事裡的旅人，等同位在社區外部之父親屬性的存在。

成功振興地方的案例裡，很多跟有「外來者、年輕人、笨蛋」之稱的人才有關。正因為是「外來者」，而得以提出外在客觀的看法；正因為是「年輕人」所以能不受傳統的束縛，勇於挑戰；正因為是「笨蛋」，才能想出超乎尋常的點子，秉持堅定的信念行動。這些人的存在，正好與旅人的角色重疊。

第 8 章

科學技術與社會的關係

№ 39

青蛙與蠍子

有一隻蠍子沿著河邊尋找有沒有可以過到對岸的地方。這時來了一隻青蛙，蠍子拜託牠：「能不能載我到對岸去？」結果青蛙說：「別開玩笑了，你一定會在途中螫我一針，害我溺死的。」

蠍子回說：「你說這話沒有道理啊。你死了，我不是也會跟著沉下去嘛。」

青蛙覺得有理，便決定載蠍子一程。游到半路的時候，青蛙忽然覺得背上一陣刺痛，大喊：「你為什麼螫我？這樣你也會溺死的！」

蠍子說：「我也知道自己會溺死，但就是沒有辦法不這麼做，因為那是我的天性啊。」說著說著，牠們就一起往下沉。

明知故犯的人性

這個故事的教訓在於**「人與生俱來的性格是無法簡單改變的」**。就像同學會上見到幾十年不見的朋友，常會有「那傢伙真是一點也沒變」的感覺。人的根本性格是不變的。

倒是筆者在這一則故事中，忍不住把蠍子想成是人類、青蛙想成是地球。地球毀滅了，人類也會跟著從世上消失。人類不是笨蛋，當然知道這事。既然這樣，照理來說人類應該不會做出破壞地球的事才對。但人類不只傷害了地球，還把它破壞殆盡。走向毀滅的地球問人類：「為什麼要這麼做？你們是笨蛋嗎？」人類回說：「我也知道不該這樣，但就是沒有辦法。因為那是人性使然。」

說來地球本來就不是專屬於人類。人類破壞地球的行為，造成了其他生物的困擾。近代之後，人類誤以為自己是「大地之主」，用支配者的態度來對待大自然，把自然產物視為有用的資源，認為可以對其他動物和植物為所欲為。電影和小說中把幾種動物描寫成惡魔的形象，就是人類把自己對待動物的方式正當化的手段之一。但情況應該是相反的，如果動物也能自行創設宗教的話，肯定會把人類描寫成惡魔。

№40

猴子與井中月

過去在印度的森林裡住了五百隻猴子。有一天猴子們在林中嬉戲漫步的時候，來到尼拘律陀樹下，那裡有一口井。往井內一望，天上的明月在水中形成完滿無缺的倒影。

猴子的頭目看到月亮的倒影之後，對其他猴子說：「你們看，月亮死了，掉在井裡。我們是不是應該把月亮撈起來，讓世界從黑暗中解放啊？」

猴猻們聽了都贊成，又問說：「要怎麼把月亮打撈上來啊？」

頭目說：「這我自然有辦法。我先抓住這尼拘律陀樹，然後你們之中最壯的那隻抓住我的尾巴，再由第二壯的抓住剛才那隻的尾巴。依此類推，下到井裡，然後由最後一隻猴子把月亮撈起來。」

「這辦法真妙！」，所有猴子聽了都拍手叫好，準備行動。

等頭目抓緊尼拘律陀樹的樹幹、垂下尾巴之後，其他猴子也跟著有樣學樣，抓住上一隻猴子的尾巴，下到井裡。就在最後一隻猴子準備伸手撈月的時候，樹幹承受不了猴群的重量而斷裂。五百隻猴子應聲落水，濺起好大一片水花，個個沉到井底溺死了。

月亮是用來觀賞的

這一則寓言是在告訴我們，**不自量力的妄想會導致失敗。**

同樣身為靈長類的人類，近年也興起「抓月」的行動。

舉其中一個開發月球地表資源的計畫來說，三菱綜合材料公司和日本宇宙航空研究開發機構（JAXA）合作，展開未來可用於月球表面基地之水泥建材的研究。基於資源開發和宇宙觀測的目的，提出了二〇三〇年代於月球表面建設有人基地的構想，將利用月球地表的土壤所含有的玻璃成分，製造建築物和道路等基礎建設所需的水泥磚。

月亮對日本人來說，原本是「白兔擣麻糬的地方」。不只是日本，在韓國、中國和東南亞各國大都認為月亮表面的影像看起來為兔子的模樣。這是受到佛教裡《佛本生故事》的影響（《月亮科學》青木滿著／Beret出版）。

此外，日本人對「死後世界」的古典印象，除了山中和海上，再來就是月亮了。回想日本最早用假名書寫的文學作品《竹取物語》裡，寫到從竹子誕生的輝夜姬，在砍竹的老夫婦養

第八章　科學技術與社會的關係

育之下，長成美麗的少女。有一天輝夜姬向老夫婦表白「自己是月亮的住民」，將在下一次滿月的夜裡，回去原來的地方。這裡的月亮指的是「死後的世界」。輝夜姬在那個世界犯了罪，受到在地球生活的懲罰。等「刑期」滿了，就在使者的迎接下離開地球，一同前往死後的世界。

另一個跟月亮有關的美麗傳說是，小說家夏目漱石在當英語老師的時候，聽到有個學生把「I love you」翻成「我愛你」，便對學生說：「日本人不會用這麼露骨的說法，先把它翻成『月色真美』（月が綺麗）吧。」

讓古來的月亮形象一下化為泡影的，是一九六九年七月二十日乘載人類首次成功登陸月球之阿波羅十一號。船長阿姆斯壯一句「我的一小步，是人類的一大步」，讓許多人為之感動。那時專欄作家山本夏彥寫到：「是為了什麼要去月世界——月亮是用來觀賞的。」真不愧是山本夏彥流的《毒言獨語》（中央公論新社）。

看到月球地表資源開發相關進展的新聞報導，筆者也湧起跟山本夏彥一樣的感觸。從地球遠眺月亮，到實際前往月球，甚至是開發月球資源，明顯是層次不同的舉動。科學技術是針對存在的東西，發現其「作用為何」。也只有從「能起到什麼作用」的觀點，才會與那個存在有所關聯。對近代人來說「只將月亮視為賞心悅目的資源」大概是不夠的吧。

這裡引發一個問題是，「人類擾亂宇宙也無妨嗎？」。姑且不論人人對宇宙商機、宇宙旅行，或是已可預見的宇宙移民等抱持的是贊同或反對的意見，你我能否想像人類前進宇宙的時候，會是怎麼樣的未來？

《宇宙人類學的挑戰》（岡田浩樹與其他人編／昭和堂）一書如此描繪了「奇異的未來」。宇宙中存在無數的小行星，不乏人類移居的潛在對象。有的社會雖然不免遭遇無法適應移居後的環境而滅絕的問題，但也有巧妙適應而得以存活下來的社會。

然而我們很難想像生活在遙遠星球的人類會是什麼樣子。利用遺傳工學、生化人醫療科技和奈米科技等實現進化、適應各種環境的人類，「何止比我們想像中的來得奇妙，還超乎了我們的想像力」（生物學者J.B.S.霍爾丹）。從宇宙的觀點來看，那可能代表多元而豐饒的進化，站在地球人的觀點，卻意味著驚人可怕的未來的到來。

人們常以夢想和希望來形容宇宙開發。但那個期待美好未來的玫瑰綺夢背上，承載的不是瀕臨滅絕的人類在宇宙中找到活路的希望，而是更怪誕的夢想。人類前進宇宙的行動，被視為是生命從海洋上到陸地、誕生於非洲的人類從森林來到大草原，最後散布到全世界這一種進化的延伸。若說滿足好奇心和拓展生存圈是人類的天性，那麼前進宇宙也是無可抵擋的事。

宇宙開發在專門團隊的科學技術知識主導下，配合資本主義的開拓精神、國家威信與軍事示威等步調不斷推進。專家以科學技術進步旨在增進人類的幸福為前提，進行研究工作。但是對一般人而言，卻很難想像這門科學的進步跟自己的幸福有著什麼樣的關係。**狹義而嚴謹的「專業知識」，難道不該受到廣泛而豐富所形成含糊卻又深具洞察力的「常識性知識」的檢證嗎？**

№41

魔法師的弟子

有一天，魔法師交待弟子「在我回來之前把浴缸的水放滿」，說完便出門去了。

一個人在家的弟子躺在床上想著：「打水還真麻煩，難道沒有什麼輕鬆的辦法可行……啊，有了！」弟子從床上一躍而起，對著掃把施咒：「掃把、掃把，去河邊提水來，然後把水倒進浴缸裡。」說完，從掃把身上立刻變出兩隻小手，提著水桶朝河邊走去。

「成功了！」弟子高興得不得了。眼看掃把進進出出，把提來的水倒進浴缸，然後又轉身朝河邊走去。很快地浴缸的水就滿了。

「嘿嘿，師父交待的事辦好了。」弟子感到滿意。但掃把仍舊來回提水，結果浴缸的水流瀉到地板。儘管弟子一再下令「夠了！不要再提水了！」掃把還是繼續動作，把一樓給淹沒了。

「再不快點解除魔法的話……」但想破頭就是想不出解除的咒語。「那就把掃把弄壞吧！」弟子取來斧頭，把掃把砍成兩半。結果掃把從一支變成兩支，提水量也變成兩倍。再砍一次成了四支，每砍一次掃把的數量就倍增，提水量也跟著增加。「再這樣下去會溺死！」弟子逃往二樓的時候，正好師父回來了。

「這是怎麼回事！」嚇了一跳的魔法師趕緊唸咒，停止掃把的動作。

不用說也知道，弟子事後狠狠挨了師父一頓罵。

科學技術進步與人類的良善生活

這是歐洲自古流傳的寓言。在德國文豪歌德（Johann Wolfgang von Goethe）把它寫成詩文之後，由法國作曲家保羅・杜卡（Paul Dukas）編成交響樂。但是讓這個寓言變得家喻戶曉的，莫過於華特・迪士尼製作的動漫【幻想曲】（一九四〇年）。

那麼這一則寓言要告訴我們什麼呢？就普通觀點而言，可能是「起了怠惰之心會做不好事」，又或「在知識不充分的情況下做事，會釀成災禍」，或者是「起頭人人會，但懂得善終的才是能手」等。

就文明論的觀點來品味的話，又能從中得到什麼樣的教訓？

以批評科技與文明聞名的建築歷史學家孟福（Lewis Mumford）在《思考現代文明》（講談社）裡提到：「〈魔法師的弟子〉這個令人無緣無故心生害怕的故事，可以套用到從照片到美術品的複製、汽車到原子彈等現代人全盤的活動。簡直像是發明了一台既沒有剎車，也沒有方向盤，只有油門的車子，而唯一的操控方式只有加速機械運轉。」

孟福想要表達的是，**沒有理念的科學進步，「就像一台沒有剎車和方向盤，只有油門的車子」**，會帶來喪失人性的危機。

在筆者的眼裡，「掃把」跟「核能發電」是重疊的。不管是魔法師的弟子還是我們，都傾向追求輕鬆省事的做法，在面對一桶又一桶的提水和不斷增加的核污廢水時，卻又顯得驚慌不已。從兩支變四支、再變成八支，不斷倍增的掃把，讓人聯想到核分裂。不同的是，魔法師回來之後，唸個咒語就解除了弟子的困擾，在現實世界裡卻沒有咒語可施。

回想二〇一一年三月十一日，東日本大地震引發福島第一核能發電廠爐心熔毀的事故震驚全球。核能事故的等級非汽車或飛航事故可比擬，一旦輻射外洩，大片土地將有很長一段時間無法使用。土壤受到大規模汙染，生長在其中的多數生物也連帶遭殃。還不只如此，長久累積下來的傳統與習俗等智慧也遭到破壞。被迫離開家園的居民，失去了工作和生存的場所，社區面臨崩壞。

如果那時核子反應爐發生再臨界（re-criticality）狀態，引發大爆炸，情況可能不僅是當年日本首相菅直人說漏嘴的「東日本會毀滅」，連東京也可能同歸於盡。這場事故讓很多日本人覺得，科學技術終於發展到超越人類所能掌控的限界了。

這樣的話，我們是否能為科學技術的發展在哪裡畫一條界線？如果可以的話，其根據又是如何？有人認為，正因為沒有那樣的根據，也無法劃定界線，所以科學技術基本上只有不斷地向前推進。另一派的人則認為，應該設定根據，在某處劃定界限。套用汽車做比喻的話，前者就是只有油門的車，後者則是另外附設剎車與方向盤的車子。

再以新幹線來舉例的話，前者會想「從新幹線到磁浮列車，那磁浮列車之後是什麼」。後者想的是「姑且不論新幹線，為什麼要花龐大的經費，破壞自然景觀來建設什麼磁浮列車？日本就那麼小，那麼急是要趕到哪裡去。」

人類刻意將原理上不可分割的原子進行分裂，創造出不存在自然界的放射性元素，解放了潛在驚人破壞力的核能，只能靠大膽的特殊技術來控制它。而這個技術把「什麼是人類的良善生活」一問拋在腦後，擁抱了現代人追求產業發展、經濟成長以及提高便利性的夢想。

人類只能活在原子的世界。超出這個範疇，伸進核能的世界，突顯了人類的傲慢。核能的世界屬神的領域，唯有神技才能控制住它。知道自己是人而不是神的品德，叫「謙虛」。

№ 42

磨坊的男子

想像現在這裡有一個僅靠磨坊為生的男子。他從祖父那一代開始，就看著大人如何調整水車的哪個部分才能磨好麵粉，有樣學樣，自己也傳承了上一代的技術。這個男子雖然完全不懂機械，卻能以熟練的技巧磨得一手好麵粉，足以撐起家計。

有一天，男子突然對水車的結構起了好奇心，想來研究一下。在聽取其他人跟機械有關的意見之後，感覺籠統，便開始觀察這水車是如何運轉的。

他從麵粉的接口看到石磨，再從石磨看到磨盤的軸心、沿著軸心看到轉輪、然後是水閘、河堤，再來是水。一番觀察下來，他領悟到所有的關鍵就在河堤與流水。男子對這個發現感到非常得意，不再像以前一樣比較磨出來的麵粉品質，調整磨盤的高低、皮帶的鬆緊等，轉而研究起河川，結果水車的狀況變得很糟。

大家都勸他不要再執迷不悟了，男子反而跟那些人起口角，繼續他的河川研究。就這樣過了好長一段時間，男子腦中想的盡是河川的事，還好幾次跟指出他想法錯誤的人進行火熱的爭辯，最後竟然深信河川決定水車的一切。

對於任何指出其想法錯誤的論證，男子的回答是：

「什麼水車都一樣，沒有水就不能磨麵粉。所以，想要了解水車，必須知道如何引水、水的作用力，以及水流的方式。因此，不能不搞懂河川。」

科學與技術的目的何在

這是放在托爾斯泰《人生論》（角川文庫）開頭的寓言。這位俄國文學巨匠想表達的，也許是「到頭來人類的知識活動根本無助於解決人生的問題，還會把問題複雜化，變得更難解決。難道不是這樣嗎？」。

托爾斯泰在故事後面寫到：「所有思考的行為，重點不在思考本身，而是思考的順序。也就是說，如果不知道要先著眼於何處，再銜接到哪個點，想再多都只是在原地踏步……」

磨麵粉的目的在於磨出好的麵粉。忘了這個初衷，就算關於磨盤、轉輪、堤防和流水的想法是如何地精彩與合乎理論，也沒有用。「人生就像男子想要研究的水車。有人生才能帶給人幸福，正如有水車才能磨好麵粉一樣」。而科學技術的目的，在於創造幸福與美好的人生，也就必須以此為出發點才行。

然而曾幾何時，**現代的科學技術偏離了原來的目的，被其他完全不同的目的所取代。**政治學者姜尚中在《煩惱力》（集英社）一書中引用了這一則寓言，提到「托爾斯泰的論調在於徹底『反科學』，認為科學不但沒有告訴我們應該做什麼，還剝奪了人類行為裡原本具有的重大意義」。

的確，人類因為源自好奇心的科學而不斷增長知識，但我們並沒有因此而了解到「應該做什麼」，反而有人類在根本性上所擁有的重要東西不斷消失的感覺。

哲學家里奧．史特勞斯（Leo Stauss）說：「近代人是盲目的巨人。」（〈進步還是回歸〉，《古典政治理性主義的重生》中西出版）沒有人不認同現代人的知識量勝過古人，並藉由如此龐大的知識做為後盾的科學技術發展，獲得了巨大的力量——就這一層意思來說，近代人是巨人——卻不表示人類的智慧和善良也相對增加。

擁有巨大力量者，本當負起相對的重責大任。切記，科學技術是在不涉及「何為善、何為惡」的價值判斷下持續發展的。真、善、美本為一體，但現在善和美被棄置一旁，形成真——尤其是科學的真——單獨領先的狀態。由此可謂，近代人是「盲目」的。

第9章

人生的道理與感恩

№43

兩個旅人和熊

兩位男性一起出門旅行。當他們走在某個很大的森林途中，眼前出現了一隻熊。其中一人很快就注意到有熊出沒，但他沒顧得上跟朋友說，就急忙爬到附近的樹上。另一個人因為來不及逃跑，只好趴在地上裝死。因為他曾聽人說過「熊會吃活人，但不會吃死人」。那隻熊張大鼻孔在男子身上聞來聞去，嚇得他死命憋氣，強忍裝死。過了不久，熊就走開，消失在森林那頭。

確認熊已經走得看不見蹤影的男子，才從樹上爬下來說：「真是一隻難纏的傢伙。看到牠在你身上嗅來嗅去的，還真替你捏了一把冷汗。對了，我看那隻熊靠近你的耳朵，好像在對你說話。牠說了什麼嗎？」

另一個躺在地上裝死的男子回說：「啊啊，那傢伙確實是說了什麼。牠說：『不要再跟那個對朋友見死不救，只顧自己逃走的無情之人一起旅行了』。」

沒有利害的關係才能維持長久

這個寓言是在問說「應該跟什麼樣的朋友一起旅行」。把旅行想成是人生的比喻，也可以引申出「應該跟什麼樣的朋友一起共度人生」的問題。

亞里斯多得在《尼各馬科倫理學》（Nicomachean Ethics，光文社古典新譯文庫）裡，把建立朋友關係的動機分成三種，分別是基於有用性的愛、基於快樂的愛，和基於良善的愛。也就是，因為對方有所用處、跟對方在一起感覺很愉快，或是被對方的人性所吸引等三種理由。

基於有用性和快樂而結交為朋友的，只能算是一種「道具」，藉由朋友關係從對方身上取得好處。道具是可以被取代的，這種關係也就容易起變化。

基於良善的愛而結交的友人，絕非道具，是無可取代的存在。在這種情況下，是真心希望對方好而與之交往，跟出於道具的其他兩點不同，所以能長長久久。

Nº 44

兩隻豪豬

某個寒冷的冬日，兩隻豪豬為預防凍死而緊緊依偎著彼此。但不久就因為雙方的棘毛刺痛彼此而分開。分開會冷、靠在一起會痛。就這樣分分合合幾次下來，終於找到不會刺傷彼此又能適當取暖的間隔。

適當的距離創造良好的人際關係

人與人的距離有兩種，一是物理性距離，另一種是心理上的距離。這裡針對後者做思考。人的心裡有兩種互為矛盾的願望。一是「獨處會感到孤單」、「想跟誰在一起」和「希望他人協助」的依存願望。另一種則是「一個人的時候輕鬆自在」、「跟人相處很麻煩」以及「拒絕他人多管閒事」的自立願望。為了同時滿足兩種願望，人會試圖跟其他人保持「適當的距離」。那個適當的距離，對自己而言，是「感覺舒適的距離」。麻煩的是，**自我認為適當的距離，未必是他人「感覺舒適的距離」。**懂得調整其間認知差距的，正所謂圓滑（善於處理人際關係）的人。

試想圓滑的人遇到以下情況時會採取什麼樣的行動。有友人邀約去喝一杯，內心不想去，卻又不好拒絕對方，「沒辦法……還是去……嗎？」，掙扎著該順從心理還是顧及人情。這種時候，非零即壹——每次都缺席或是場場出席——的做法並非良好的對策。採取兩次有一次參加、借故身體不舒服或家裡有事而提早離開等中間的對應，是機靈的做法。善意而適切的謊言，是知性的表現，有助於維持心理的健康。

№45

獵人與鳥

很久很以前，有個獵人捕捉到一隻會說話的鳥。鳥哀求獵人，「如果你放了我，我就給你三個忠告」。

「你說吧。說了我就放你走。」

鳥說了：「第一個忠告是，絕對不要後悔自己做過的事。第二是，不要相信無稽之談。第三是，不要把眼光放在高處。」

「說得好」，獵人便把鳥放了。鳥很快飛到樹梢，張開嘴說：「呆子，你怎麼會放我走呢？我的胃袋裡可是有裝了價值上千※第納爾的珍珠呢！」

獵人聽了趕緊爬上樹，抓著樹幹跳來盪去，追捕那隻鳥，結果不小心跌到地上，摔斷了腿，弄得滿身是傷。

「啊哈，你這呆子」，鳥嘲笑獵人說：

「根本就沒有把我給你的三個忠告放在心上。我不是說了，絕對不要後悔自己做過的事嘛，那你為什麼要後悔放我自由？我也跟你說了，不要相信無稽之談，結果你還不疑我的胃袋裡有珍珠這種事？我還叫你，不要把眼光放在高處，但你還是爬到樹上來了。」

※【第納爾】南斯拉夫、伊拉克等貨幣單位。

反省、認清事實、謙虛面對

這真是一則很棒的寓言。以下依序看到鳥給出的三個忠告。

第一是「不要後悔」。「不要後悔！做好反省！」是對的。後悔是想要改變過去，反省是想改變未來。過去的事已經發生，拘泥於無法改變的情事，再怎麼感嘆自己的想法和作為也沒有用。這時能做的，是客觀反省過去，從中記取教訓，創造更美好的未來。

第二是「不要相信無稽之談」。這跟第一個忠告「不要後悔」有很大的關係。想要改變過去的想法，是出於相信無稽之事而起。

這世上充滿了詐財的騙子，他們善用話術包裝不可能的事，像是「低風險、高報酬的商品，長期下來可獲利百分之五〇」，又或「一個星期內就能讓頭腦迅速變好」、「彩券開獎號碼事先報你知！」等等。不要輕信這種不可能的事。

第三個忠告是「不要把眼光放在高處」。這是種高度抽象的說法，可以有很多種解釋。也可想成是勸人「志向高遠仍要常保低調，踏實過生活」。

其實類似的故事也以〈三個忠告〉流傳後世（《蘇菲的故事》伊德利斯・夏著／平河出版社）。其中第三個忠告是，「要安於人被課以的一般制約中」。依此做解釋的話，可能就是「人非猴子，不要想爬到樹上自由跳躍移動。人只要適應人的特性，安分守己，在地上過活即可。」擴大解釋的話，也可想成是「人必需受到自然的約束，不要肖想當個神」的訓戒。

№46

盲龜浮木

有一天釋迦牟尼佛問弟子阿難說：「你對自己出生為人有什麼想法？」阿難回答：「我感到非常高興。」釋迦牟尼佛又問：「有多高興？」見阿難不知如何回答，釋迦牟尼佛便講了一個譬喻。

「在無邊無盡的大海裡，有一隻眼睛看不見的烏龜。那隻烏龜每隔一百年就會浮出海面一次。廣闊的大海裡漂著一根圓木。圓木的正中央有個小洞。這根浮木任憑風吹和浪打，忽而向東、忽而向西、南來北去，漂搖不定。阿難啊，你想那隻一百年才浮出海面一次的盲龜，會不會在浮上來的時候，正好把頭伸進圓木的小洞裡啊？」

阿難驚訝地回說：「釋迦牟尼佛，這種事怎麼想也不可能。」

「你能說絕對不可能嗎？」，釋迦牟尼佛進一步確認。阿難說：「如果是幾億年、幾兆年的話，也許真有那麼一次給牠碰上了。這種情況，用機會等於『零』來形容也不為過。」

這時釋迦牟尼佛說了：「阿難啊，我們能出生為人，比那隻烏龜把頭伸進圓木的小洞還要難。是如此難能可貴的事啊。」

難能可貴，所以要懂得感恩

「出生為人的機率有多少？」

用網路查詢的話，會出現五花八門的答案。這個問題，很難用學術觀點來做答，而且問題本身，就學術觀點而言是否有其意義，也讓人感到懷疑。話雖如此，用小學生般的純真心理來探討的話，亦不失其樂趣。

試想自己也有可能生為其他動物，卻出世為人。這意味著什麼？是「生而為人得以享受人生」的幸運？還是「人生之苦，倘若生為人以外的動物就不用經歷這一遭」的不幸？不管如何，出生為人的機率是微乎其微、難能可貴（有ることが難しいことである）的事，所以日語把謝謝寫成「有り難う」（Arigatou），用以表達「擁有，是難得的事」。

生命的誕生，也需要有降生的場所。你我出生在地球，用更宏觀的角度來看，是在宇宙中誕生。循此論點，會衍生出「宇宙的存在是理所當然的嗎？」的問題，而導出「宇宙本來是可以不用存在的，但它是存在的」結論。所以宇宙的存在，並非理所當然，而是極為難能可貴的事。

我們也可以用因果關係來回答「宇宙為什麼存在」的問題，像是「因為發生了大爆炸（big bang）」或是「因為神創造了宇宙」，卻無法回答「為什麼會發生大爆炸」、「神為什麼要創造宇宙」等問題。

從宇宙的存在、地球的存在、人類的存在，到自己的存在，都是難得今已得。因為這一切也有可能是不存在的。反倒是，你我不存在才是理所當然的也說不定。

這麼想來，**對於萬物存在與共存的驚嘆，盡在不言中。難能可貴，是值得感恩的事，「有り難う」。**

№ 47

家庭聖誕樹

（以下是我從父親那裡聽到的故事。事情發生在一九二〇年代前半、我還沒有出生前的西雅圖。我父親是六男一女的兄弟姐妹裡，排名最年長的，當時已有幾個手足離家獨立生活了。）

那個時候國內一片不景氣，幾乎找不到工作，加上父親經商失敗，家計受到嚴重的打擊。那一年的聖誕節，我們家有聖誕樹，卻沒有多餘的錢買禮物。聖誕夜裡，每個人都抱著低落的心情上床睡覺。

隔天醒來，聖誕樹下竟然堆滿了禮物，令人難以置信。用餐的時候，小孩們很努力克制興奮的情緒，以驚人的速度解決早餐。

之後在一片躁動之中，母親先走到樹下，在一對對閃耀著光芒、充滿期待的注視下打開禮物。那是母親好幾個月前「遺失」的舊披巾。

父親得到的是一把刀柄已經壞了的斧頭。

妹妹拿到之前穿過的舊拖鞋，

弟弟是一條縫縫補補、已經皺得不成樣的褲子，我的是帽子——十一月時忘在食堂的那頂。

這些老舊、丟棄不用的東西也太出乎人意料之外，全家人笑成一團，連解開包裝用的彩帶也得費上一翻功夫。這些慷慨的禮物，究竟是從哪裡來的？

原來是弟弟莫利斯的計謀。他用好幾個月的時間，把不見了也不會引起騷動的東西一一藏起，然後在聖誕夜裡趁大家睡覺的時候，爬起來包裝禮物，偷偷放在樹下。

我記得那是我們家最棒的聖誕節之一。

唐·格雷夫斯

阿拉斯加州安克拉治

關注所擁有的，而不是沒有的東西

這個溫馨的故事，跟負面想像（Negative Visualization）的技巧有著共通點（《關於欲望》威廉·歐文著／白揚社）。負面想像是，藉由想像自己失去寶貴的東西這種糟糕的情況，確認「自己已經很幸福」的技巧。

人總是不由自主地對手上沒有的東西產生欲望，感嘆為什麼無法擁有。負面想像則是把視線投向已經擁有的，想像如果失去了那些東西會是多麼的痛苦。

舉例來說，試想你失去了圍繞在身邊的家人和朋友、現在擁有的房子和財富，以及健康和智力的時候，會變得如何？

再進一步延伸的話，如果沒有了太陽和月亮會變成什麼樣？生命需要太陽的光和熱，沒有了太陽，人類將無法生存。沒有了月亮，少了月球引力的牽引，地球自轉的速度將加快，地軸的角度改變，四季、晝夜和氣溫等也會跟著失去平衡。

認為太陽和月亮的存在是理所當然的人，不會對其存在做出感恩的行動。日語的謝謝「有り難う」是「難能可貴，所以感激」的意思（參見〈盲龜浮木〉篇）。

威廉．歐文在書中也提到使用負面想像時應該注意的點。經常使用，並不是一件聰明的事，每隔一段時間善用該技巧即可。也不需要因為想像喪失現在所擁有的一切，而沉浸在感傷和煩惱之中。行使這種技巧，需要的是智慧，而不是情感。

以下從現實和理想的觀點，對負面想像做個總結。擁有理想是好的，但是只看到理想而忘了正視現實，進而產生「我不幸福」的感覺，那是因為視野過於狹隘。其實還有更好的方法是，放眼現實，感恩自己現在實際擁有的一切，而不是只看到理想。這麼一來，就能達到「自己已經很幸福」的境地。如果有人覺得「自己不幸福」，那可能是因為沒有看到理想以外的地方。

第10章

與欲望相處的方式

№48

直到倒下為止

曾聞以前在印度有個叫須彌羅的修行者。有一次他說的話很討國王歡心，國王說：「我要賞賜你。你想要什麼，盡管說。」須彌羅不放過這個大好機會，懇請國王賞賜他一塊土地，「我想在那裡蓋一座寺院」。

國王很爽快地答應。「你的願望就這樣嗎？那好，你現在就一刻也不停息地奔跑，直到停下來的地方為止，那一整片土地都給你蓋寺院用。」

聽到此話，須彌羅立刻換上輕裝起跑。由於整日都沒有歇腳，疲倦感漸漸上身，但他連一寸土地也捨不得放棄，即使已經累到半死，仍堅持跑下去。最後連一步也跨不出去，癱倒在地的時候，還是不忘連滾帶爬地繼續前進。終於在勉強掙扎一段時間到再也無法移動的狀態下，仍使力扔出手上的拐杖，大喊：「這枝拐杖所到之處為止，都是我的土地。」

貪得無厭的陷阱

有句心理學用語叫「享樂適應」（hedonic adaptation，又叫hedonic treadmill），是用來表達人性一旦取得曾經追求的快樂，很快就適應那個狀態，失去了最初的感受，轉而追求更刺激的快感。

幸福感跟快樂是一樣的。人們常想，如果收入再多一點、住的房子再大一點、開的車子再大一點，自己也能變得更幸福。但是滿足欲望之後，很快就會把它視為理所當然，朝下一個欲望邁進。人的欲望是無窮的。

有個跟欲望相似的詞叫欲求，兩者都是指「想要得到什麼」。誠如「欲求不滿」的用詞，欲求是指生理上的「渴望」。欲望則是在其他生物所不見之人類特有的「想望」。欲求會受到身體的限制，欲望卻可以無盡延伸，形成大腦暴走的反應。

這裡要提醒的是，欲望無法被全面壓抑，達到無欲無求的狀態。我們要做的，不是抹殺欲望，除非成了喪屍（活死人）或是真的死了。

我們能做的只有，認知「人類是容易陷入享樂適應和幸福適應的動物」，**學會把欲望控制在一定的程度。**這跟「節制」的品德有關。

節制是指限制不使過度。現代的日本人生活在充滿物質的世界，人會死亡或生病，絕大多數不是出自飢餓，而是因為不健康的生活所引起。越是豐饒富足的社會，越是需要節制的品德。那是用提高感受度，取代增加感覺的對象量，達到小量即可滿足的技巧。

№ 49

哥斯大黎加的漁夫和美國旅人

這裡是哥斯大黎加的一個小漁村。有個來此旅行的美國人，走向停在碼頭的船邊。船上有幾隻大旗魚。美國人問漁夫說：

「你花了多少時間捕魚啊？」「也沒那麼久啦。」漁夫回說。

「再多花一點時間的話，就能補到更多的魚吧。真可惜。」

「這些就夠我和家人吃了。」

「那你其餘的時間拿來做什麼？」

「每天都睡到日上三竿，然後出門打漁。回來的時候陪小孩玩一下，中午陪老婆睡午覺，到了晚上就跟朋友一起喝酒、彈彈吉他啊。跟你說，我每天要做的事很多，很忙的！」

美國人一臉正經地對漁夫說：

「我以哈佛商學院企管碩士的身分給你一些建議吧。聽好了，你應該多花一點時間捕魚的。然後把多出來的拿到市場賣。等存到錢之後，換一艘大漁船，一來可以提高漁獲量，二來可以賺更多錢。再拿錢去增購二、三艘漁船，最後組成一個大船隊。到時就不用把魚賣給中間商，自己弄一個水產加工廠，自產自銷。然後離開小漁村，到首都聖荷西去弄個辦公室，還能把業務拓展到洛杉磯和紐約。統合從漁獲、加工到銷售的作業，坐在辦公室裡指揮企業運作。」

「要做到那樣，需要花多少時間啊？」漁夫問。

「大概是十五到二〇年左右吧。」

「哦，在那之後呢？」

「OK，這就是重點了。等時機成熟，就能公開上市，然後把股票賣掉，到時你就是億萬富翁了。」美國人笑著說。

「原來如此。成了億萬富翁之後呢？」

「那你就可以辭去工作，住在海邊的小村莊，過著每天睡到日上三竿，白天釣魚、陪小孩玩耍、陪老婆睡午覺，晚上跟朋友喝一杯，彈彈吉他、唱唱歌的生活。怎麼樣，聽起來很不錯吧？」

知足常樂

這一則寓言跟第六章〈斥責孩子的父親〉那篇很像，但那是用來闡述工作的意義，這裡則是比對故事裡提到的兩種生活形態，來思考什麼是幸福。

哥斯大黎加的漁夫跟美國人的差異，首在是否過著自足的生活。自足是滿足於現狀。漁夫對生活感到滿足，美國人則不如此。你也可以說他們的不同在於，所**追求的是現在的幸福，還是未來的幸福**。

這兩人忙碌的程度也不一樣。看到漁夫對美國人說的話「跟你說，我每天要做的事很多，很忙的！」。可見我們以為先進國家比開發中國家的人還要忙碌，或是現代人比古代人更不得閒的認知，未必正確。無論哪個國家和時代，人為生活忙碌的情況是不變的，不同的是，忙碌的品質。

評論家福田恆次留下了這番話：

「過去和現代的忙碌品質是不同的。哪裡不同？過去在忙碌之中也能安心靜下來，現代則是忙到一刻也不得靜心。換句話說就是，過去是因為做什麼事而忙於其中，現代則是做什麼也無法專注其中的忙。大概是即使有閒，要做的事也變多了。」（〈論消費潮〉．《福田恆存全集第五卷》文藝春秋）

隨著文明發展，現代人失去了平靜的生活，從不疾不徐，安穩踏實的生活變成成天氣急敗壞，手忙腳亂的日子。

人類發生各種便利的工具和機械，為的是製造閒暇，享受平靜的生活。但是拜其所賜，有了閒暇之後，又會為了排遣多餘的時間而發明什麼。人，還真是奇妙的生物。

話說回來，這一則故事帶給我們什麼樣的教訓？答案是跟〈直到倒下為止〉的故事一樣，教人要懂得節制。

節制是不過分的適度追求，並不是要人放棄或減少享樂。那種叫禁欲，跟節制是不一樣的。

節制是不成為無止盡追求快樂的奴隸，努力成為掌握快樂的主人。

№50

三個願望

很久很久以前，山裡住了一對以砍柴為生的夫婦。有一天樵夫跟平常一樣在森林工作的時候，看到一棵特別粗大的冷杉，正準備一刀砍下的時候，好像聽到有什麼聲音在說：「請不要砍了這棵樹。」嚇得樵夫趕忙放下斧頭，四處張望，卻什麼人影也沒有。這時又聽到小小的聲音說：

「我是森林裡的妖精。請不要砍了這棵樹，因為它對我們很重要。」

「我知道了，那我就先不砍了這樹。」

「謝謝。為了報答你，且讓我幫你們夫婦實現三個願望。你有一個星期的時間可以好好想想要許什麼願。千萬不要操之過急。」

樵夫很開心地回家跟老婆商量許願的事。

「有三個願望可以許耶！你要許什麼願？」

「我想還是成為有錢人，長命百歲之類的吧。」

兩人坐在暖爐邊想了又想，實在拿不定主意。肚子餓了的老婆一邊烤火，不由得喃喃自語：

「用這火來烤香腸，應該很好吃吧。這時如果有根大香腸，該有多好啊。」

說完，從天花板掉下一根大香腸。

「啊，糟了！」老婆趕緊用手遮住嘴巴，但已經太遲了。

「妳這笨蛋！用掉一個重要的願望了。這根香腸乾脆黏在妳的鼻子上好了！」

幾乎就在同一時間，那根香腸已經跑到老婆的鼻子上，吊在那裡晃啊晃地。

「完、完蛋了！」樵夫慌慌張張地想要把它拉下來，但香腸就是死命地黏著不放。老婆邊哭邊喊：

「請把香腸從鼻子上拿下來吧。」

香腸立刻從鼻子上滾落到地面。

享受好運也需要有智慧

有一天，從天而降的好運突然臨到這對以砍柴為生的夫婦頭上。有智慧的人，肯定會好好利用這個機會，緊抓著幸運不放。很可惜，這對夫婦沒有足夠的智慧好好使用這麼個機會，結果讓幸運從指縫中溜走。他們一定很後悔「怎麼會許了這麼可笑的願望」，但是再怎麼抱怨也無濟於事。

因為非常難得，所以才叫幸運。這對夫婦可能一輩子再也碰不到相同的好運。所以這一則故事是要告訴我們，**「好運來臨的時候，如果沒有適當運用機會的智慧，等同無益。」**可能有人會想起「幸運女神只有瀏海」這句話。機會千載一逢，遇到了也不會呆坐在眼前等著幸運兒伸手來抓，稍縱即逝，必須立刻掌握才行。

錯失幸運的原因有三。

一是沒有注意到幸運的存在。像寓言裡這種「誰都知道是好運當頭」的情況則另當別論。多數是無法判定那是否為幸運，需要藉助智慧來發覺。

二是在溫溫吞吞、拖拖拉拉之中錯失良機。當你嘴上掛著「現在有點忙，等下一個週末再……」或是「下次的暑假再……」的時候，常是為時已晚。

三是欠缺勇氣。明明知道是幸運女神來訪，卻沒有自信鼓起熱情和勇氣抓住她。

前述任何一種情況都是幸運女神已從眼前溜走，事後才想到要伸手抓住也已經太遲，因為幸運女神只有瀏海（後面沒有頭髮）。

№51

地獄

有個男子做了一個夢。夢中他已經死了，來到一個好遠好遠的地方。那是個感覺非常舒服的地方。休息了一會兒之後，他喊說：「有人在嗎？」眼前立刻走出一個身穿白衣的人，問他：「請問有什麼需要嗎？」「能給我點什麼嗎？」「只要是你想要的，都可以給你。」「那就請你拿些吃的來吧。」「你想吃什麼？只要是你想要的，應有盡有。」

男子吃完白衣人送來的食物之後就睡著了，度過一段快樂的時光。男子醒來後說想要看戲，白衣人也給看了。就這樣，男子不管要什麼，白衣人都能幫他實現。

不久男子就對此感到厭煩，他把白衣人叫來，說他想要做點什麼。白衣人回說：「很抱歉，那正是這裡唯一無法提供給你的東西。」男子聽了便道：「真是讓人作噁，我受夠了。乾脆下地獄還比在這裡好。」

白衣人驚呼：「你以為你在哪裡啊？」

持有意志而非願望

二〇一七年四月十二日，日本滑冰選手淺田真央招開記者會宣布退役。有個記者問了她一個異想天開的問題：「如果可以跟三周半跳說話，想對它說什麼？」淺田想了一下，笑著回說：「可能是『為什麼不能再簡單一點，讓我可以如願完成？』這類的吧。」之所以不容易做到，是因為如果簡單就能達成，反而會變得無趣。**簡單就能達成目標的世界，不是天國，是地獄。**

不只是體育選手，幾乎人人都朝著某個目標過生活。重點在於立的是什麼樣的目標。其要點有二。

一是，**以拼死拼活努力的話或許有機會，實則不容易做到的事為目標。**太難不行，太簡單的也不成。

二是，**以內在目標為主，外在目標為輔。**假設這個週末有個網球賽，在比賽中贏得勝利，就是外在目標。但這也要視對手而定，非自己能全面掌控。另一方面，內在目標是，期許自己能盡全力應戰，這點與對手無關，完全操之在己。達成外在目標當然是再好不過，但就算沒能獲勝，至少也因為已經盡力而了無遺憾。

在〈直到倒下為止〉和〈哥斯大黎加的漁夫和美國旅人〉兩篇故事裡都提到，抱持適度欲望的重要性。除此之外，持有意志而非願望，也很重要。願望，跟欲望的量有關，意志則攸關欲望的質。

哲學家安德烈・康特・斯彭維爾在《幸福凌駕絕望之上》（紀伊國屋書店）裡闡述了願望與意志的不同。其重點如下。

①願望是一種對自己無法左右之事物的欲望。反之，意志是對自我能掌控之事物的欲望。舉例來說：「下個星期天如果能放晴就好了」的想法是願望，「下次的考試一定要及格」的念頭，是意志。後者可以經由個人的努力想辦法達成。

②願望是一種趨向自己無可知的欲望，而意志是朝向已知事物的欲望。舉例來說，現在在遙遠的國度發生了一起大災難，由於能取得的資訊有限，只能採觀望的態度。倘若這起大災難是發生在附近區域，不難了解情況之下，也可採取對應的行動。

③願望是對自己所沒有，又或是不存在的東西所產生的欲望，因為無法據為己有，而不能樂在其中。意志則不然，可以享受駕馭自我的樂趣，因為它是一種對本身已經擁有，又或者是已經存在的東西所產生的欲望。

願望是不憑藉智識和力量所產生的欲望，無法結合努力，屬非動態意識。因此多數的情況下只是夢想過去和未來，又或純粹做白日夢。

意志則是跟已知、似乎可行的事物有關的欲望，在結合努力之後，呈現活躍且富有成效的狀態，讓人得以享受現實存在或是自我擁有的東西。意志和努力可以改變自己的未來——這句話的背後，隱藏了光有願望還不行，學習也很重要的意思。

第 11 章

學習的心得與學習的理由

№52

努力的樵夫

很久很久以前，有個樵夫去木材行那裡應徵工作。由於老闆開的條件不錯，樵夫便決定接下工作。

上工的第一天，樵夫從老闆手上接下一把斧頭，被分派到森林的一角。他充滿幹勁地走進森林，一天下來砍倒了十八棵樹。

「幹得好！就是這樣，交給你囉！」受到老闆激勵的樵夫，發誓明天要更加努力而早早上床，養精蓄銳去了。

隔天，樵夫比誰都還要早起，向工地出發。但是這天再怎麼努力，也只能砍倒十五棵樹。他想一定是太累的關係，天一黑隨即上床睡覺。

清晨醒來的樵夫，鼓勵自己「今天不論如何也要超過十八棵樹的記錄」，便出門去了。結果，別說是十八棵，連一半也沒做到。隔天是七棵，然後是五棵，最後弄到傍晚了還在跟第二棵樹奮戰。

「我真的盡力了」，樵夫一邊擔心老闆的反應，一邊誠實報告進度。老闆問他：「你上一次磨斧頭是什麼時候啊？」

樵夫回說：「磨斧頭？砍樹都來不及了，哪來的時間磨斧頭啊。」

在工作中學習，在學習中工作

這個樵夫一心只顧著砍樹，而忘了「磨斧頭」的基本功。再怎麼堅固銳利的斧頭，刀鋒也會日益變鈍。刀鈍了，除了會降低工作效率外，還可能造成斧頭反彈，導致受傷。樵夫當然知道這些，但整個人只想著砍樹、砍樹，把「磨刀」這件重要的事給拋在腦後。以上就是這一則故事要表達的。

那麼，對從事一般工作的人而言，「磨刀」又代表了什麼？

一是，把身體照顧好。

身體不好會影響工作的專注力。身體各種機能在二十到二十九歲之間達到顛峰之後開始走下坡。從肌力、爆發力、敏捷性和持久力等體能，到體溫調節能力、免疫力和抗壓力等防衛功能，都會出現衰退的現象。這雖然是無法避免的自然現象，卻能經由運動的習慣，延緩老化的速度。

二是，容易被遺忘的腦力訓練。

大腦就跟銀製食器一樣，疏於擦拭的話，會因氧化而變得黯淡無光。誰都知道持續日常運動對維持健康的重要性，但很少人對維持高度智力也要需要藉由持續學習一事有所認知。

你是否為了眼前的工作忙得不可開交？再忙，也要養成「磨刀」的習慣，否則腦子遲早會變鈍。

通曉人生道理的人明白，**工作與學習不可偏廢，因而將之視為一體，努力把自己置於兩相融合的情況。**培養在工作中學習、在學習中工作的意識是很重要的。

學生上學的理由，在於培養出社會後的工作能力。那麼社會人進修的理由何在？很多是為了填補現在工作裡自我能力不足的部分，又或是為了將來轉職做準備。在這種情況下，目標和方法都很明確。

但這樣就夠了嗎？其實還需要站在更高的層次，看待學習的重要性。

一是為了產生新的創意。

許多企業以各種形態追求革新，開創新事業。創新是結合各種已知，發展出新的組合。一旦個人的知識枯竭，就無法發展出新的組合。為了避免這種情形，必需**廣泛地深度探求個人已知領域外的知識，以創造新的結合。**

二是為了提升工作的自由度（人生的自由度）。

自由是擁有很多選擇權，其程度跟學習量成正比。

就學習的方向性而言，可分成兩種。一是拓展興趣和關注事物的廣度，以擴大「想成為什麼樣的自己」。二是提高我自能力，成為「有能之人」。

多數人其實是在個人興趣與能力重疊的部分架構職場生涯。重疊的面積越大，選擇性越多，反之可以選擇的就越少。

重點是，除了提升自我能力，也不可忘了充實興趣和對其他事物的關注。只偏重前者，很快就會迎來瓶頸。

№53

一半的煎餅

有個肚子餓的男子在點心鋪買了七塊煎餅之後，立刻回家吃將起來。吃掉一塊，感覺肚子空空的，再吃一塊，感覺還是不夠，便接二連三，一共吃掉六塊。但還是覺得不滿足。

只剩下最後一塊餅了，吃了就沒了，所以男子決定把它分成兩半。啃掉其中一半之後，肚子飽了。他看著手上剩下的一半，後悔地說：

「我真笨。早知道吃一半就會飽的話，就不用吃掉前面的六塊了。」

不要小看微小的變化

這個故事聽起來很愚蠢。忘記之前吃掉六塊煎餅，以為只要半塊就能填飽肚子的男子，實則不懂「日復一日的累積可造就重大成果」的道理。

以下介紹「『1.01』和『0.99』的法則」。1.01只比1大一點點，0.99也只比1小一點點，兩者差距不過0.02，但**這麼點差距累積下來，會形成可觀的差異。**

實際把這兩個數字各自乘上365次之後會變得如何？1.01的365次方為37.78，0.99的365次方為0.026，兩者差距從0.02變成37.754。任誰看到這個結果之後，都會感到驚訝。不用說也知道，365這個數字代表一年三百六十五天，每天多努力1%的人，和每天少努力1%的人，一年之後就會差這麼多。

人生是許多零碎選擇的累積，那個選擇將決定你一年後的人生。

你要選1.01？還是0.99？

№54

空的茶碗

有個禪學高僧請一個弟子到他家裡。

當他們在討論弟子該「怎麼做才能學得師父教誨」的煩惱時，高僧一邊說：「這樣的話……」，一邊煮起茶來，然後在弟子的碗裡添茶水。茶碗滿了，師父卻沒有停手。茶水溢出杯緣，很快地從桌面流到地板上。

弟子忍不住說：「師父，可以了。茶水已經滿出來，再也裝不下了。」

師父這才開口：「瞧仔細了，你的情況也是這樣。想要從我這裡學到東西，得先把你腦袋裡的茶碗倒空才行。」

真誠是學習的起點

空的茶碗是比喻「真誠的心」，注滿水的茶碗則為其反。

接受他人指導的時候，最重要的是要有一顆真誠的心。**坦然接受他人的建議，進一步消化吸收的人，在運動和學習方面都能有所成長。**不坦率、固執、剛愎自用、性情乖僻和獨斷專行的人，聽不進任何教誨，結果什麼也學不會。

在學習的初期階段，手腳靈活和懂得掌握要領的人，很容易進步得比其他人還要快。到了中級或是進入高階之後，未能保有真誠之心者反而會遇到很大的障礙，坦然接受指導的人則能順利成長，迅速拉開兩者之間的差距。

在聽取老師和師父的教誨時，會回以「好，我知道了」的人比想像中來得少。大多數人會用「但是……」、「因為……」做為反辯。

此外，在回答「好，我知道了」的人裡，能如其言認真嘗試的人也意外地少。大部分都是虛應了事，仍然固持己見行事。人本來不就是對誰都能坦率的動物，只能不斷努力尋找能讓自己倒空腦中茶碗的導師和師父。

№55

馬與螞蟻的智慧

齊國宰相管仲和隰朋，跟隨齊桓公討伐孤竹國。春天出陣，冬季凱旋歸國途中迷了路，管仲說：「借用老馬的智慧吧。」於是讓老馬走在前頭，其餘人馬跟隨在後，終於找到回家的路。

又有一次，行軍山中的時候，遇到缺水的問題。隰朋說：「螞蟻這種生物，冬居山南、夏居山北。蟻丘高度有一寸的話，那正下方八尺之處必有水。」眾人尋得蟻丘，往下一挖，果然發現了水。

即使像管仲和隰朋這等賢人智者，遇到自己不知道的事情，也不恥以老馬和螞蟻為師，借重其智慧。

謙虛能讓人活到老學到老

憑藉經驗和知識，發揮腦力的動作叫「思考」。而思考的前提在於「謙虛」。

謙虛是意識到自己並非全能之人，對自我能力的不足保有經常性的自覺，懂得借重他人的智慧來彌補其中的不足。**缺乏謙虛的思考，亦即充滿自負的思考，不能稱作是思考。**謙虛是「知道自己不是神」的意識，以及「經常懷疑自我」態度的延伸。

管仲和隰朋都是賢人智者，但還是坦誠面對自己的無知，求助於識途老馬和螞蟻的智慧，實則再謙虛不過。試問非賢人智者的初學者是否擁有相同的真誠之心與謙虛的態度，答案就令人存疑了。

不管是做學問、經商、學習技能，在我們才要剛要入門的時候，背後早已存在一個龐大的體系。知道自己是這個體系的菜鳥，才是學習的基本。

因為沒有人不是從基礎開始學起，再循序漸近習得高度且複雜的「知識、技術和價值觀」的。

第12章

挑戰與可持續性

№ 56

象與枷鎖

馴獸師在訓練大象的時候，第一件事是不要讓牠起逃跑之心。其方法是，在小象出生不久之後，就用鏈條把腿繫在粗大的圓木上。這麼一來，當牠想要逃跑的時候，圓木會成為累贅而無法逃脫，讓牠知道想逃也逃不掉。

之後小象會慢慢習慣這種被拘束的狀態，放棄逃跑的念頭。等牠長成力大無窮的大象時，只要在牠腳上套上腳鍊，就會乖乖屈服於原狀，即使鍊子的另一端繫的只是一根小樹枝。

鼓起冒險行動的勇氣

想像你在死前回想「自己是否度過幸福的人生」。幸福與否，是由誰來決定？答案肯定是自己，不會是他人。

那麼幸福與否的基準何在？第一是取決於「自己是否活過了這趟人生」。只是循著父母和導師鋪設的軌道，在他人看來縱然是美好的，也未必是幸福的人生。他人看來不怎麼順利，卻是自己鋪陳的路，這趟人生是幸福的。筆者認為，幸福最重要的基準在於，走出自己希望的人生，而非用來滿足他人的期望。

這一則寓言是啟發年輕人自立的故事。自立是，跳脫從屬他人的狀態，獨立自主，同時也是不受他人支配的存在。自立是身為一個人活得有尊嚴的必要條件，在人的成長過程中帶來重大的影響。

成長是種喜悅，許多人期盼成長。但人有的時候會寧願選擇安心安全的「不幸」。這是怎麼一回事？

在此稍微做說明。痛苦和喜樂一定是成對的。只想擁有喜樂是不可能的，因為沒有痛苦就無法感受到快樂。每天一步一腳印累積成果的努力，就是吃苦的一種。

此外，要成長就要冒風險。風險的概念是「某個決定背後所要承擔的危險與損失的可能性」。風險有分「伴隨行動的風險」以及「不採取行動的風險」兩種，而我們很容易忽視後者。

你我多少都有過跟故事裡的大象一樣的經驗。年輕的時候嘗試挑戰「夢想」但失敗了，結果就因為這樣，認為「夢想」是一輩子都達不到的事而放棄。

那是錯的。「年輕時曾試過一次，失敗了。但那不過是一時的，不代表永遠都做不到。再給自己一次挑戰的機會」，才是正確的思考邏輯。

想要自立與成長，就要有吃苦的覺悟和冒險的勇氣。迴避痛苦和冒險的人，只能停留在安心安全的場所，過著與自立、成長和喜悅無緣的人生。

№57

選擇上吊的愚者

有個犯人被帶到國王面前，國王對他說：「你有兩種選擇，一是絞首，二是到那扇黑色門的後面接受刑罰。說吧，你要選哪一個？」犯人立刻選擇接受絞刑。

就在執刑的前一刻，犯人問國王：「請告訴我那扇黑色門的背後有什麼？」國王故意岔開話題：「真好笑，我給每個罪人同樣的選擇，但幾乎所有人做的都是跟你一樣的選擇。」

「國王，請告訴我吧，那扇黑色門的背後究竟有什麼？反正我也沒機會告訴其他人了。」犯人指著自己脖子上的繩索如此說道。

國王慢條斯理地說：「是自由啊，自由。大部分的人都很害怕未知，才會選擇接受絞刑、自取滅亡的吧。」

敢於挑戰未知

這一則寓言是在闡述「已知與未知」的問題。這個死囚在受死之際，放棄未知的刑罰，選擇已知的絞刑，可能是出自「反正都要死了，就選擇自己知道的死法，總比被用未知的方式求刑至死來得好」這種不安的想法。但他沒有想到：「反正都要死了，選什麼都一樣。凡事都有第一次，何妨挑戰一下。」以下先把死法放在一邊，來思考生活的「已知與未知」。

舉例來說，要繼續現在的工作，還是要挑戰新工作的情況，就好像站在不透明的毛玻璃門前面一樣。門的這一端是現在的工作（已知），對自己所處的狀況清楚明瞭；另一端是新的工作（未知），看起來模糊不清。

若不想待在這一端，處於什麼位置，都像在監獄一樣。就像如果不想待在現在這家公司，那公司於本人，就是一座監獄。大多數人對於提出勇氣遞交辭呈，跨到門另一端的新世界過於戒慎恐懼。因為一般人重視避損勝於追求利益，而負面的刺激遠比正面的刺激來得敏感。一旦了解人的這等習性，或許能捨棄已知，降低投向未知的恐懼。人生就是挑戰。

我們無從得知未來，因為未知而感到憂心忡忡也是很正常的，但沒有必要過於杞人憂天，適度即可。

過度擔心會在心裡助長負面印象，想像現實中不可能發生的情節，造成膽怯害怕的狀態。適度的擔心則是在心中製造好的印象，確認有哪些注意事項的態度。

想像你正要走下一個很長又很陡的階梯。過度擔心會導致想像自己會在途中一腳踩空，滾落地面，搞得全身是傷，還因為頭部受到強力的撞擊而昏迷，最後被救護車載走的情形。

適度的擔心是，告訴自己不要操之過急，仔細踩穩每一腳步，安全下到地面的態度。**過度的擔心有害無益。有著明確印象的未來，比模糊的未來更可能實現。**

Nº58

青蛙爬山

有十隻想要體驗登山的青蛙聚在一處，牠們決定要一起去爬山，便在山腳下集合。前來送行的同伴們卻喝倒彩說：

「爬不上去的啦！去也沒用！放棄吧，放棄吧。」

十隻青蛙在同伴的冷言冷語之中踏上旅程，蹦著短小的腿朝山頂邁進。

約莫到了半山腰，遇見一群兔子。聽到青蛙們講述攻頂的目標之後，兔子立刻回應：「什麼？你們要爬到山頂？不可能、不可能，這座山很高的。蹬著這麼短的腿哪有可能爬到山頂啊！」其中五隻累到不行的青蛙，聽了當下決定撤退。

在剩下來的五隻青蛙面前，還有更險峻的坡等著牠們。好不容易進到冷杉的樹海，這次遇到的是土撥鼠。「想要攻頂，對青蛙來說是不可能的。簡直是有勇無謀，不知天高地厚！」土撥鼠的這一番話又讓兩隻青蛙退出了。

剩下的三隻仍然繼續前行，牠們一跳一蹬地朝山頂慢慢前近。

這次總算遇到棲息在高峰處的山羊，照例被嘲笑：「趕緊就此打道回府吧。看你們的樣子，再花一個月的時間也到不了山頂啊。」於是又有兩隻脫隊。

最後只剩下一隻青蛙。牠花了好長一段時間，終於爬到山頂。

等那隻青蛙下山之後，所有的人同聲問牠：「你是怎麼辦到的？」那青蛙只反問一句「什麼？」大家只好再大聲問一次：「你是怎麼完成如此壯舉的？」

結果牠的回答還是老樣子：「什麼？什麼？什麼？」

原來那隻青蛙是個聾子。

介於膽小與大膽之間的勇氣

這是述說挑戰爬山的青蛙的故事。

故事裡的青蛙大致可分成兩派。一派是一開始就沒有想要爬山，只是前來送行的青蛙。但牠們不是來幫其他夥伴加油的，而是用冷嘲熱諷的態度勸告對方放棄。另一派是挑戰登山的青蛙。

這則寓言給我們的第一個啟發是，提起勇氣挑戰問題。「每種美德都處於兩種惡習之間的頂端」，是哲學家亞里斯多德的名言。他在《尼各馬科倫理學》裡提到如下。

在彼方的一端有個叫「不懂瞻前顧後」的惡習，另一端是名為「膽小」的惡習，位在兩個惡習之間、處於頂端的，是名為「勇氣」的美德。亞里斯多德是在建議，**人不可膽小怕事，也不可過於冒進，拿出位在兩者之間最高點的勇氣，向前邁進。**

他還提出了更有趣的建議是，從感覺來說，勇氣並非介於冒進與膽小的正中間。就人的自然習性而言，常會傾向採取靠近膽小的行動。因此，把勇氣定位在冒然行動的前一步是比較好的。基於此，「不要當個膽小怕事的人！」是個好的建議，而「這麼做感覺有點魯莽……」正是勇氣的恰當位置。

把另一派「挑戰登山的青蛙」做分類之後，可以得到第二個教訓是，不可因為他人不負責任的發言，產生放棄挑戰的制約反應。

除了最後一隻青蛙，其他的在途中相繼放棄挑戰，原因是別人說「你不可能做到」。成功登頂的青蛙，因為耳聾聽不到而能完成壯舉。

為什麼兔子、土撥鼠和山羊要做此發言，可以想到的理由有二。

一是擔心失敗和挫折會讓青蛙受傷。可以解釋成是基於母親過度保護孩子般的心理，而說出「你不可能做到」的話。

另一個理由是，不希望青蛙成功。也許是因為兔子、土撥鼠和山羊在年輕的時候曾有過想要攻頂，但中途放棄的痛苦經驗所致。又或者是打一開始就放棄，從未想過要挑戰也說不定。總而言之，就是沒有成功過，所以也不希望青蛙成功。不願見到青蛙超越自己，希望牠們能停留在跟自己一樣的地方。

從這一層意思來說，必需慎選朋友。跟經常鼓勵彼此「好像可行，來試試看吧」的人交往，遠離老是把「不可能的，還是放棄吧」掛在嘴上的人。與其結交過於小看你的人，不如選擇過於看得起自己的人。

№ 59

飛天的馬

以前有個男子因為冒犯國王而被宣判死刑，他請求國王饒他一命。

「國王，請把您的馬交給我，並給我一年的時間訓練牠如何在天空飛翔。一年之後若是辦不到，就賜我死刑吧。」

國王接受了他的懇求，還不忘提醒他：「記住，一年之後如果我的馬還不會飛，你的小命也不保了。」

其他囚犯聽了這事都責問他：「這馬怎麼可能在天空飛啊！」

但男子回答：「一年之內搞不好國王就死了，或者是我死了。死的也有可能是那匹馬。總之，誰能說得準這一年會發生什麼事啊？再說，經過一年的訓練之後，那馬還說不定就真的飛上天了。」

不知能不能做到的時候，就說「我可以的」

懇請國王放他一條生路的死囚所講的話，當然是誇大其辭。但這一則寓言不是在勸戒人不可誇大其言，反而是在鼓勵人要說大話。因為死囚這麼做至少為他爭取到多活一年的機會。

先不論把死的說成活的是否正確，**在不知道能不能做到的情況下，給出「可以」的答案，是正確的做事方式**。回答「不行」，等同拒絕了工作。達不到對方要求的程度時，轉而尋求他人的協助即可，不要因此而錯失了成長的機會。

「日本人嘴裡說的『不行』都是騙人的」，是出了名的話。很多情況是因為把標準放得太高而做此回答。常言道，說「不行」的日本人，比說「可以」的外國人還要行。

№60

掉進鮮奶油的三隻青蛙

有三隻青蛙掉進裝了鮮奶油的桶子裡。第一隻青蛙嘴裡叨唸：「就視天意而定了。」於是什麼也不做地靜待事情的發展，結果很快就淹死了。

剩下的兩隻青蛙拼命踢水，但只是在原地繞來繞去，載浮載沉。其中一隻大叫：「我不行了！反正都是死路一條，我才不想在死前經歷這樣的痛苦。拼命掙扎的結果，竟然是在精疲力盡中死去，太不值得了。」說完便放棄踢腿，任由白色液體吞沒牠的身體。

最後一隻青蛙想著要怎麼辦才好？「死期將近，但我還是要奮戰到底。」牠在同一個地方不斷地游來游去，之後腳好像被什麼固狀物給纏住。原來就在牠來回游動攪拌液體的時候，鮮奶油凝結成了固態奶油。吃了一驚的青蛙趕緊用力一蹬，越過桶子的邊緣，呱呱呱——高興地踏上回家之路。

持續行動才能改變現狀

第一隻青蛙什麼努力也不做，直接把命運交給了老天，留下兩隻同伴，努力靠自己的力量求生。但剩下的兩隻，一隻很快就放棄努力，另一隻則是死纏爛打。

死纏爛打的那隻，當然是在不知道「這白色液體是鮮奶油，只要一直攪拌就會變成固態奶油，到時就可以跳出桶外」的情況下繼續奮鬥。這在第二隻青蛙看來是「無謂的努力」，但最後證明努力有了代價。

「天助自助者」這句諺語正是在說，**堅持行動到最後的人，終能獲得成果。**

№61

塚原卜傳和弟子的對話

某天有個劍客來到塚原卜傳門下，請他收自己為徒。卜傳在與劍客過招之後，感覺對方小有身手而答應收他為弟子。

「感謝師父願意收我為徒，弟子會努力修練的。這樣的話，要幾年才能得到師父的真傳？」對於弟子的提問，卜傳回答：「說的也是，我看你本事不錯，大概五年就能辦到吧。」

弟子似乎對五年這個數字感到有點不滿，又問說：「那如果我廢寢忘食，專注於修練，這樣要花幾年的時間？」「十年。」

弟子對此感到驚訝，努力修練要五年，努力加廢寢忘食卻要十年，這話可是說反了？弟子再問：

「如果是拼死拼活，瘋狂修練的話，要花幾年的時間？」卜傳笑著說：「哎呀，你要是拼死拼活，瘋狂修練的話，恐怕一輩子也學不會吧。」

知曉堅持的力道

塚原卜傳是室町時代後期的劍客，出生在常陸鹿島神宮的祠官家中，學習神道流等武術。他開創了新當流，曾指導足利義輝將軍等，之後在下總國香取收門徒教授劍法。

努力修行、廢寢忘食修練，以至拼死狂練，聽起來好像都不是壞事，但塚原卜傳對此採保留的看法。他要表達的是什麼？答案是，**堅持比什麼都重要，勉強是做不來的。**行中庸之道，也就是根據個人「無過無不及」的程度，堅持下去的重要性。

一般來說，「拼了命卻沒能成功」才是文章裡慣見的形容，但有的時候「拼了命所以沒能成功」也是種正確的陳述，就像主觀認為「自己很努力了」，客觀來看卻是「努力過了頭」。

舉運動做為例子。

運動過度會加重身體的負擔，導致受傷。過於認真會造成身體緊繃，反而無法發揮實力，也會讓運動變得像「工作」，失去「遊戲」的性質而無法感受其中的樂趣。

這一則寓言的重點就在勸人要懂得適中，在「緊張與緩和」之中取得均衡。而這個「緊張與緩和」，是跨越國家與時代，普遍存在的問題。

希羅多德（約西元前四八五年～西元前四二〇年）在《歷史》一書中，介紹到埃及第二十六王朝阿摩西斯王的故事（《伊索寓言的世界》中務哲郎著／筑摩書房）。

平民出身的阿摩西斯王有許多有別於傳統的做法，像是上午專心政務之後，下午就在喝酒玩鬧中度過。看不過去的朝臣規諫他的時候，他說：

「持弓者，在需要用到的時候會用力拉緊，用完後則放鬆。弓這種東西，在一直拉緊的情況下會斷裂，遇到重要的時刻反而派不上用場。人也是這樣啊。」

把自己想成是一把弓，一直處於緊張的狀態下會斷裂。但若一直處於鬆弛的狀態下也是浪費了才能。適度拉緊、時而放鬆，可謂正道。

第13章

彩繪自我人生的方法

№62

馱海綿的驢和背鹽巴的驢

趕驢的人手裡拿著鞭子，牽著兩頭驢子走路。一頭走起來腳步輕快，另一頭則要用鞭子驅趕才肯緩緩前進。原來行動輕快的那頭驢，載的是重量輕的海綿；另一隻走得慢的，背的是鹽巴。

這隊人馬翻越山嶺，經過山谷，穿越城鎮之後，終於來到河邊。趕驢的坐在駝海綿的驢子背上，趕著另一隻載鹽的驢過河，結果那隻載鹽的驢不小心陷入深水地帶。

還好牠很快就爬起來，沒被水沖走，但背上的鹽巴卻因為陷入水中而溶解，化得一無所有。

看到這種情形的另一頭驢，也有樣學樣地跳入深水地帶。結果出乎意料之外地，背上馱運的行李不但沒有變輕，反而更重，原來是海綿吸水之後重量增加的關係。這驢一直往下沉，騎在背上的趕驢人也連帶地被拖下水。趕驢的以為自己逃不過這一劫，還好有路人經過，一陣拉拔之後，總算救回了性命。

模仿他人也無法走出自己的人生

這一則故事的教訓是「每個人身上背負的東西不同，不要盲目地模仿他人」。

每個人都有自己的故事。生命是編織「自我故事」的過程，而這個故事裡包含了「命運」和「自由」兩個部分。

命運即所謂的「遺傳因素與生長環境」，人人各有不同。自由則是攸關意志，也就是「決定選擇什麼樣的環境、下多少功夫做什麼樣的努力」，這也是人各有異。所以每一部人生大作的內容千差萬別。

人不必像驢子、烏兒或水中的魚一樣，用千篇一律的方式過活，因為人有選擇的自由，可以經由意志和努力來改變行動。

命運是「無法改變的」，只有接受它。而自由的部分是可以經由人為「改變」，所以要懂得掌握人生之舵。此外，人各有命，不要在自由的部分盲目模仿他人，必需深思如何掌好自我人生之舵。

№63

三年睡太郎

某個貧窮的村子裡住了一個懶惰的男子。他的食量是別人的兩倍，除此之外只會睡大頭覺，每天過著吃飽睡、睡飽吃的生活。老母為此感到困擾，村裡的人也用「哎呀，這不是睡太郎嗎？」來譏笑他。

有一年，村子遇到嚴重的乾旱，田裡一片乾枯，也沒有足夠的水可以澆灌園子。村人想辦法挖了很深的井，但只是白做工，大家嘆息：「如果能從山的那邊引水就好了。」

村裡變成這樣，絲毫沒有影響到睡太郎的生活，每天仍舊吃吃睡睡。有一天連飲用水也不夠了，村裡的有錢人貼出了一張布告：「要是有人可以解決缺水和乾旱的問題，我就把女兒嫁給他。」

過了三年左右，睡太郎驀地起身，拜託老母給他煮一升飯。扒光那一升飯之後，睡太郎道聲：「我去去就來」，便往山裡走去。村裡的男子也好奇地跟在後面。

睡太郎一路來到深山裡，對著石頭東摸西摸、又推又拉地，好似在評比哪顆石頭比較好。最後終於跳到一顆矗立在山谷上方的大石頭前面，站穩腳步，使出渾身的力量用力推。石頭因而前後搖晃起來，睡太郎補上臨門一腳，石頭傾向一邊，最後「碰——！」地一聲，滾落山谷。落石摧毀了崖壁，崩壞的土石像雪崩一樣堆積在谷裡，阻塞了河流的去向。河水溢向四周，形成新的河道，往村子的方向流去。

河水很快潤澤了水田，眾人歡呼「是水啊！水啊！」、「感謝老天爺！」，有人為睡太郎抱不平：「什麼老天爺，這是拜睡太郎所賜啊。」

從此以後，大地再怎麼久旱不雨，村子也始終不缺水。睡太郎取了有錢人家的女兒當老婆，孝順老母，過著幸福美滿的日子。

蟄居的力量

這一則民間故事帶給我們什麼樣的啟示？想要從內容導出勸善懲惡的教訓，恐怕很困難。

研究日本民間故事的第一人小澤俊夫說：

「大家可能會覺得意外，其實民間故事少有道德說教的意味，多在傳達『堅強活下去』的訊息。真的，民間故事不怎麼論及善惡，隨便都能舉出用謊言換取幸福的故事情節。可不是只有日本才這樣，全世界都是如此。可見堅強活下去是多麼重要的信念。（中略）你也可以這樣說，這個睡太郎的故事裡，主角只有在年輕的時候過得渾渾噩噩，中途就覺醒，長智慧了，可沒有睡一輩子哦。就是這樣，他沒有睡一輩子。年輕的時候很會睡，但中間醒來，發揮智慧過生活，還得到了幸福。（中略）想想，大部分的人生，不也是這樣？」（NPO法人「用繪本育兒」中心的演講錄音，二〇一六年二月二十一日→http://www.ehondekosodate.com/report/koen_ozawa1.html）

年輕的時候多少會陷入這樣的狀態。就算不到睡太郎的程度，以前的大學生有三分之一都在蹺課，躲在宿舍和租屋處，過著懶散的生活。

筆者有次在翻閱《植物真奇妙》（田中修著／中公新書）一書時，瞄到「躲在地下，保護身體的「厲害之處」」一行字，原來是關於蕨類、戢菜和問荊的生態介紹。

這些植物在春夏兩季展現旺盛的生命力，到了秋天就不見身影。很多人以為是枯了——露在地表的部分確實是枯了，但埋在地下的部分則不如此。藏在土裡的莖不斷朝旁邊延伸，像根部一樣，活得好好的。筆者從這些植物裡看到蟄居不出、不上學的年輕人身影。他們不也把自己藏起來，只為了自我保護。等到哪一天也會像蕨類、戢菜和問荊在春天發芽一樣，走出來融入社會的。世上的人、事、物沒有始終如一，必然會有變化。

躲在家裡的年輕人是不是毫無力量？實則不然。至少有蟄居家中，保護自我的「厲害之處」。用剛毅，比用強項來形容它更合適。這群年輕人絕非無力者。一般來說，這雖然是弱點，換個角度來看，卻成了厲害的地方。那是一股不與世俗同調的力量、反抗大人的力量、遠離同儕過生活的力量，和忍受孤獨的力量，無不是能力的張顯。

現今世上只認同「勤勉為善，怠惰為惡」。怠惰之人自然被勤勉的人指為懶鬼、好逸惡勞、游手好閒等。然而，不用把焦聚對在現在這一刻，你也可以**用積極的態度，把它視為人生這麼長的時間裡，一段創造性退化和積極性怠惰的過程。**

人生像一座山，有高低起伏。山谷越深，山就越高。載浮載沉之中，不要因為一時的好而驕傲，也不要因為一時的失敗而意志消沉，耐得住氣，避免操之過急。人生形形色色，不要氣餒，堅強活下去。

№64

飯團的捷徑

有個不管做什麼事都要走捷徑的男子，某天獨自旅行的途中，突然產生便意。他看看時間，剛過上午十一點。「明明就可以一口氣趕到下一個客棧的，這種時候居然想上大號，真麻煩。大號會耗費不少時間，得好好想想有沒有什麼可以一邊趕路，一邊解屎的好方法。」

這屎要出來的話還真是萬夫莫敵，男子也只好躲到路邊解手，但腦子還是不停地繞著「蹲廁會拖延時間」的想法。就在他盤算如何是好的時候「有了！現在還是上午，如果等到客棧再吃飯，會變成一路都在休息。倒不如趁現在先把中午的便當給吃了，一舉兩得。真是一條非常好的捷徑。」於是把掛在脖子上的便當取下，準備吃將起來。

這時飛來一隻胡蜂，一針刺中男子的要害。結果握在手上、用竹皮包起來的飯團順勢掉進糞堆裡。

男子一開始惋惜地看著糞堆裡的飯團，不一會兒又拍手驚呼：「啊哈！這真是一條再短不過的捷徑了！」本來得放進嘴裡咀嚼、吞嚥，經過腸胃消化再拉出來的，這下連送進嘴裡的步驟都可以省了，直接從手上掉進糞坑。這不是捷徑是什麼。只不過，飯團沒下肚的話，也只能挨餓了。

品味繞道而行的人生

這一則笑話是在說，男子為了求方便，想到一邊上大號一邊吃便當的方法。也許是便當察覺到男子的心，自己也抄捷徑，不經由嘴巴和腸胃，直接掉進糞堆。男子對此「曠世捷徑」雖然為之讚嘆，結果卻只能餓肚子，無法從中攝取能量。

我們很容易把捷徑和便道想成是好的，繞路是不好的。但真的是這樣嗎？取捷徑與便道，是以效率為優先考量的結果。當然，在人生的某些場合，像是工作和學習的時候，為追求效率而選擇方便、快速的方式並沒有錯。但是就整體的場合，尤其以整個人生來看，不一定是對的。有時特意繞路、走小路、繞個彎，或許才是正確的選擇。

有效率的人生，並不是一句稱讚的話，聽起來還帶有乏味人生的意味。速活，也不是一句讚美的話。這種人未能享受人生，一路勉強自己全速前進，跟趕著去死的意思是重疊的。

比起捷徑和便道，繞路、走小路、繞個彎的人生有趣多了。那是充滿人性的豐富人生。

捷克作家米蘭．昆德拉在小說《緩慢》（La Lenteur，集英社）裡寫到：

「緩慢與記憶、快速和遺忘之間，有著祕密關係。試想有個男子走在路上這種再平凡不過的情況。突然之間，男子好像想起了什麼，卻又想不出個所以然，不由得機械式地放慢步伐。反之，換成是才剛經歷痛苦情事，想要忘卻的人，由於距離發生的時間還很近，會在不知不覺中加快腳步，好像急於逃開似地。」

速度和遺忘之間有著強烈的比例關係。同樣地，回歸緩慢，記憶也會跟著甦醒。希望你我都能擁有不著急的勇氣和不裝忙的氣度。

№65

兩個禪僧

有兩個禪僧準備渡河的時候，發現附近有個年輕的女子瞪著河面，似乎很困擾的樣子。

她說：「河水太過湍急，沒有辦法渡河。」年長的禪僧問她：「要不要背妳過去啊？」女子點頭說好。禪僧背著女子平安過到對岸之後，女子道謝後便離去。

等到女子的身影遠去，年輕的禪僧責備年長的同伴：「你難道不覺得羞恥嗎？我們可是禁止碰觸女人的身體的。」

兩人回到寺院之後，年輕的禪僧又說了：「我要跟住持說你做出違反禁忌的下流行為。」年長的禪僧用一副不解的表情問說：

「我做了什麼事嗎？」

「你不是背了一個美麗的女子過河嗎？」

「啊啊，原來是這個。確實如你說的，我是背了一個女子過河，但我在河邊就把她放下了，而你到現在好像還沒有放下她啊。」

執著的好與壞

「不要執著」是佛教的教誨之一。「執著」是心纏繞在他人看來屬雞毛蒜皮的事上，無時無刻不在意那事的狀態。

就像這一則寓言裡的年輕禪僧，因為教規而拒絕對有難的人伸出援手。這就是過分執著於規定，反而是不對的。

近年「執著」（日文為こだわり）這個詞，也開始被賦予正面的含意。在《明鏡國語辭典》（大修館書店）裡，除了一般的解釋，還寫到「（新說法是）講究細節，追求味覺等的價值」。筆者在提供諮詢服務的時候，也經常問對方：「在選擇公司的時候，可有什麼講究的點？」

語言是種主觀的表現，執著不一定是壞事，反倒有其好處。

精神科醫師卡爾・榮格（Carl Gustav Jung）說：「光生於黑暗之中。」很多時候，在微不足道的事物之中，意外隱藏了重點和本質性的東西，就好比是埋藏在泥中的鑽石。不要忘記，我們生存的能量很多是潛藏在從鎖碎的講究細節之中掌握到的創造性契機裡。

№66

塞翁失馬

以前有個住在中國北方邊塞的老翁（塞翁）丟了一匹馬。許多人跑去安慰他，老翁卻不以為意地說：「怎麼知道這不是一件好事呢？」

結果那匹馬帶回了一匹駿馬。大家又去道賀，老翁反而愁眉不展地說：「這次是不幸的根源，可能會發生什麼不好的事。」

果然老翁的兒子在騎那匹駿馬的時候，從馬背上摔下來，折斷了腿。人人來探望的時候，老翁一臉不在意地說：「這說不定是好事呢。」

一年之後，胡人大舉入侵，戰火四起。年輕人幾乎都被徵調到前線，戰死殺場。唯老翁的兒子因為腿傷得以免除兵役，保全了性命。

用平常心來面對好與壞

這一則寓言有趣的地方在於「馬跑了→跑掉的馬帶回了一匹駿馬→兒子騎馬摔斷腿→因為受傷而不用當兵」這一連串福禍相伴的情節。

這也是諾貝爾生理學和醫學獎得主山中伸彌很喜歡的寓言故事。以下是引用自他對高中生演說的部分內容。

「回顧人生的四十八年裡，尤其是後面的二十年左右，真有如『塞翁失馬』。有苦也有樂，但有時覺得很辛苦的時候，其實是好事的開始，感覺很不錯的時候，迎來的卻是荒謬的開場。所以不要因為得失而或喜或憂，用淡定的態度繼續努力。（中略）希望你們能了解我想要說的。」（出處：https://logmi.jp/business/articles/37151）

不利的狀況有時反而帶來好運，反之亦然。**人生不是固定的，是流動的，無法知道禍福何時會互轉。**所以不要因為狀況的變化而悲喜無常，心情像坐雲霄飛車一樣。只要用平常心處理每天該做的事即可。

第14章

生與死的關聯

№67

閻羅王的七個使者

這裡是地獄的閻王廳，閻羅王一邊看著※業鏡，一邊對男子說：

「哎，你啊，這輩子淨做壞事，完全不懂得行善。看來該下地獄。」

男子辯稱：「原諒我吧。太趕了，沒有時間積善呀。」

「你的意思是，自己死得太突然嗎？那你幾歲啊？」

「六十七歲。」

「六十七？這樣的話，你應該見過我派去的七個使者啊。」

「七個使者嗎……沒啊，一個也沒見過。」

閻羅王說了：

「第一個是眼睛。以前什麼都能看得一清二楚，但最近呢……一片昏花。

第二個是耳朵。過去連針掉在地上的聲音也能聽得見，近來卻連號角的聲音也聽不到了。

第三個是牙齒。年輕的時候硬到連石頭都能咬碎，現在是不是幾乎都掉光啦？

第四個是頭髮。小時候像烏鴉一般烏溜溜的毛髮，現在應該掉得差不多了，剩下的幾根也全白了吧。

第五個是腰背。年輕的時候，筆直的像棵椰棗樹，現在可變得像弓一樣彎曲了。

第六個是腿。曾幾何時穩健支撐身體的兩腿，現在已經站不穩了。沒有拐杖的話，還可能會搖搖晃晃地，沒法走路。

第七個是食欲。以前只要是放進嘴巴的東西，樣樣都好吃。最近則是吃什麼都不合胃口。

這下你知道這七個使者是誰了吧。還有什麼要說的嗎？他們可是跟了你一輩子啊。」

男子無以回應。

「你無視使者的警告，什麼準備也沒有。現在再來後悔已經來不及了。下地獄去吧。」

※【業鏡】放在閻羅王辦公室裡，可以反映出死者生前善惡行為的鏡子。

如果今天是人生的最後一天，你要怎麼過？

有一種指數叫平均餘命，是顯示同一年齡者平均還能活多少年的數值。假設這裡有個五十五歲的男子，根據日本「平成二十七年簡易生命表」，這個男子的平均餘命是二十八年（同年齡的女性大約是三十三年）。這個數字代表了什麼意義？

並非所有五十五歲的男子都還有二十八年可活。這不過是個平均值，有的可能隔年就過世了，也有的人可以活到一百歲。故事裡的男子，年齡不過六十有七，當然會以為自己蒙主寵召的順序還在很後面。沒想到等他注意到的時候，已經來到閻羅王的跟前。

在這一則寓言裡，把「死後的世界」分成極樂世界和地獄兩種。生前積善的人，死後可以去極樂世界；作惡多端者，死了就只能下地獄。而決定此人該去哪裡的，是閻羅王。故事的內容是在規勸世人，除了淨做壞事的，就連這一輩子沒做過什麼善事的，隨著年齡增長、離死期越近，越是要趕緊累積善行。

死亡是人人必經的過程，就算不知道死神什麼時候上門，終究逃不過一死。成熟的人都知

王

道這個道理，卻沒有人會想說自己可能在下一刻就不在世間。而且這種感覺並不限於年輕人才有。

比起樂觀地認為「自己暫時還跟死亡無緣」，**用「今天可能是人生最後一天」的想法過生活，來得更有智慧。因為這樣能夠提升一天二十四小時的品質。**

跟家人吃飯、逛商店街、吃壽司、喝酒、喝咖啡、吃蛋糕、打網球、去游泳池游泳、泡澡、賞櫻、約會、看海、搭電車等等，把每件事都想成是「最後一次」，感受也會很深刻。

那麼，意識到自己的死亡，又是怎麼一回事？並不是要你整天反芻「只要是人都會死。我是人，所以我也會死」這種三段式論調，活得悶悶不樂的。而是把「今天可能是人生的最後一天」這句話放在心底，偶爾想起它，快樂地過生活。

最後來點題外話。佛教創始人釋迦牟尼肯定不認同剛才的說法。因為對釋迦而言，人生正是苦（一切皆苦），而地獄是這個世上一次又一次地在各種境遇中產生的「輪迴」。也就是說，地獄是「現世」本身，只有跳脫「輪迴」、抵達極樂，才是「死後的世界」。

№68

死亡與生存的意義

季路問事鬼神。子曰：「未能事人，焉能事鬼？」敢問死。曰：「未知生，焉知死？」（《論語．先進篇》）

（學生子路問孔子侍奉※鬼神之道。孔子說：「人都侍奉不好了，還談什麼侍奉鬼神？」子路再問：「死是怎麼一回事？」孔子答：「連生都不了解，還談什麼要了解死？」）

※【鬼神】死者的靈魂與天地神靈。

「死亡的意義」是無法用理論來認識的

孔子並不是在說：「侍奉鬼神」或「死亡的意義」是無關緊要的事。而是在表達，為人應該戒慎疏於了解生，卻熱衷於了解死的愚昧。孔子認為，人的所知有限，就算知道「侍人之道」和「生存的意義」，也無法用理論來理解「侍奉鬼神之道」和「死亡的意義」。

孔子絕非冷淡的無情之人。就在顏回（顏淵）死的時候，孔子毫無顧忌地在人前為他最賞識的弟子慟哭。隨從的弟子說他過哀了，孔子回說：「不為顏淵這種人悲慟，該為誰悲慟？」

這一段描述裡，並沒有跟死亡有關的深入洞察，只是用來表達為人師表對最愛的弟子早逝的悲傷哀慟。悲即悲，痛苦即痛苦，是孔子率真性情的寫照。筆者認為，這是在告訴我們**不要用理論或講述的方式來逃避現實，真實面對當下感受的重要性。**

№69

接枝的老僧

在谷中之里有一座古寺，寬永年間（一六二四～一六四四）將軍和隨從在鷹獵打道回府的途中，來到這座寺院。那時正好有個年近八十的老僧在庭院裡接枝。將軍問僧人在做什麼，對方回答在幫植物接枝。

將軍聽了笑一笑說：「你年紀這麼大了，現在接枝，還不知道有沒有那個命可以等到它長大。既然如此，也就不必如此費心了。」

老僧回將軍說：「您想想，現在把它接起來，等到了後世，每棵都長成大樹。到時林木成蔭，寺院也能存續下去。我這是在為寺院著想，而不是為了我這一代才這麼做的。」

將軍聽了為之感動：「老僧說的對，本當如此。」

選擇過傳承給下一代的生活方式

「後世」有兩種解釋。一是「來世」或「死後的世界」，二是「後代子孫」或「未來的時代」。

橋本治問說，哪一種解釋比較浪漫，答案是後者（〈我想知道佛教的什麼？〉，《思考的人》二〇〇五年冬季號）。

前者是以「自我存在持續」的輪迴轉生為前提，思考自己的來生，就這層意思而言，屬利己的性質。反之，後者是以「自我存在僅為一時」的無常概念為前提，為自己離世之後的後代子孫著想，屬利他性質。

橋本治認為：「就算自己消失了，還有『他人』。把傳承給『他人』視為自己人生使命的想法很美。之所以對這一世就了結的自我人生感到不安，可能是出自於欠缺『橋接給他人』的結果。」

明白兩者的不同之後再來閱讀這一則寓言，會覺得將軍是「燕雀」，老僧是「鴻鵠」。當然，跟將軍比起來，老僧的外表顯得窮酸，但是在將軍的眼裡，老僧肯定充滿莊嚴之美。

應該也有不少人在讀了這一則寓言之後，想起德國宗教改革家馬丁路德的格言：**「就算明天世界就會毀滅，我還是會在今天種下一棵蘋果樹。」**這句話表達了一種信念是「不管發生什麼事，也絕不親手摘下希望之苗。不要放棄該做的事，用平常心來面對。那才是自己該走的路。」

面對一路惡化的環境、超脫控制的科學技術、核戰爆發危機、只相信自己的正義的大國領導者等，你我處在各種恐懼與深刻的不安之中。在這種狀態下，可能會想說「希望有什麼用？」

即使如此，還是要抱持希望。希望不會從天而降，也不會從地面湧出。希望是人類創造出來的東西。你能做的，是想想自己能做什麼、該做什麼，種下自己的那棵蘋果樹。

順便一提，蘋果樹格言出自馬丁路德一事，只是個「傳說」。據說是因為「出自宗教改革家之口，可以增加它的權威性。」（《聖經的信仰 1》宮田光雄著／岩波書店）但就算這句格言不是出自馬丁路德本人，也無損其價值。

№70

四個妻子

很久很久以前，在某個國家住了一個擁有四位妻子的富翁。

第一個老婆是他的最愛，不管到哪裡都要帶上她，兩人總是如影隨形。她想要什麼就買給她，想吃什麼就給她吃什麼，對她簡直是唯命是從，疼愛有加。

第二個老婆，是富翁想盡辦法才從激烈的追求者競爭中迎娶到手的。對她呵護備至，外出的時候片刻不離，回到家就把她關在上鎖的房間裡，派人在外看守，不讓她任意出門。

第三個老婆，是富翁花了很多錢照顧的女性。跟她就像悲歡與共，相互安慰鼓勵的朋友一般。

第四個老婆，對富翁來說，簡直跟僕人沒有兩樣。每天為了富翁忙進忙出，就算挨罵，仍舊順著對方的意繼續工作。儘管如此，四老婆還是沒有得到富翁的愛，對方好像還忘了她的存在似的。

有一天，國王命令富翁去一個很遠的國家。富翁拜託第一個老婆跟他一起去，但被拒絕了：「我才不要，你一個人去吧。」富翁轉而要求第二個老婆同行，一樣得到冷淡的回應。富翁只好再找第三個老婆說去。對方回他：「我可以送你到邊境，但是在那之後恕我無法同行。」

富翁在窮極之下，決定問問第四個老婆。沒想到受到最惡劣待遇的四老婆竟然答應了：「你到哪裡，我都跟你去。」就這樣，兩人踏上旅途，前往遙遠的國度。

心，串連了「現世」和「彼世」

男人可能會想：「有四個老婆耶，真令人羨慕！」。請不要高興的太早，有四個老婆是非常辛苦的事。基本上不能有偏愛的情形，所以要公平分配金錢與愛情給每一個夫人才行。這種事哪能做得到啊？很快就會發現，這種「羨慕」的想法是膚淺的。

題外話就說到這裡。這一則故事是出自《雜阿含經》裡的佛教寓言。話說白了，故事裡富翁所在的某個國家，指的是「現世」，即將遠行的國度是死後的「彼世」。

那麼四個老婆又各自代表了什麼含義？以下依序說明。

大老婆指自己的身體。人對自己身體的愛戀，跟富翁寵愛第一個老婆的情形是一樣的。但是人死了之後，肉身也會跟著消滅，歸於塵土。

二老婆指個人擁有的財產。再怎麼辛苦賺來的財產，死了也帶不走，終是落到他人手裡。

三老婆指自己的妻子（或是孩子、兄弟、親人、朋友）。就算為你的死傷心掉淚，最多也只能送你到墓地。在那之後還是要一個人走。

四老婆指自己的心。人在活著的時候，只會為眼前看得到的，拚命努力，至於看不到的心，總是被擺到後面。但也只有心才會跟著一起到死後的世界。

前面三個老婆所代表的意義，不難理解。問題在於，對第四個老婆的解釋。這世上存在各種生死觀，這一點留待〈水甕與蜻蜓〉的篇章裡做介紹。以下針對四老婆的解釋做說明。就第一個想法——肉體消滅之後，靈魂仍持續存在——來看，「四老婆指自己的心」這個說法，是可以理解的。但這一則故事出自佛教寓言，佛教主張「無我」，亦即原則上「我」是不存在的。這裡把心化成實體存在的表現，似乎與佛教思想有所出入。進一步說明如下。

在佛陀提倡佛教前的八百年左右，遷移到印度的雅利安人所創的婆羅門教相信靈魂的存在，認為人死後，靈魂會跟著火葬的煙，離開肉體升天而去。

但佛陀認為靈魂沒有實體，而否定這個教義。其理論明載於佛教經典《二入四行論》之中，用白話文來說明其主旨，就成了以下的內容（《活著的哲學》白取春彥著／Discover）。

「心這種東西，並不是打一開始就存在的。心，一直伴隨著對象而生。對象引發心生。然而，所謂的對象，也只是心視之為對象的對象。兩者是相互依存的關係。心也好，對象也好，其本身都無法獨立存在。」

筆者在參考前述文章之後，做出了個人解釋如下：關於「第四個老婆指化為實體之心」的解釋，是過於牽強的。相反地，心並不存在於人體的哪個部分，而是存在個人與他人之間的關聯性中。

當意識轉向什麼的時候，其實是心在其間起了作用。舉凡珍惜與他人和動物、植物的關係，親切對待萬物的舉動，皆出自於心的作用。若能在「現世」充分發揮心的作用，即便在個人踏上前往「彼世」的旅程之後，那個作用也不會從世界上消失，會以「美好的回憶」保存在那些生前接觸到的人與動物和植物的意識裡。**生者與死者之間沒有斷層，是因為「美好的回憶」串起了「現世」和「彼世」。**

哲學家今道友信在《人生的禮物》（鎌倉春秋社）一書中，回想他與哲學家加布里埃爾・馬塞爾（Gabriel Marcel）道別的場面。

就在今道結束法國留學生涯、準備回日本之前，馬塞爾問他：

「今道閣下，不久之後你我將相隔兩地，你想一個人能送給他人最大的禮物是什麼？」今道列舉當下能想到的種種，但全都被馬塞爾給否定了。馬塞爾說：

「一個人能送給他人最大的禮物是『美好的回憶』。再怎麼華麗的物品，也會有壞掉的一天。就算沒有壞，也會褪色。但『美好的回憶』恆久不渝，既不會壞，也不會褪色，能持續一輩子。而且當你對下一代講述的時候，『美好的回憶』也會留在他們心中。請從別人那裡取得美好的回憶，同時成為一個留給他人美好回憶的人。」

這裡也可以把「回憶」置換成「想法」。好的物品會壞、會褪色，好的想法卻能持久又不褪色，並經由傳頌，留在下一代心中。

舉例來說，有個人花了一生的時間，把自己的想法傳達給一百個人。那一百個人再各自傳達給一百人的話，就變成一萬人，到了下一代成了一百萬人、再下一個世代是一億人，然後是一百億人，超過了現在全球人口的總數。

№71

水蠆與蜻蜓

在某個很深的池子裡住有一群※水蠆。牠們覺得很不可思議，為什麼沿著百合的莖爬出水面的夥伴們，個個一去不返。

水蠆們聚在一起討論。

「說好了，下次誰爬到水面上的時候，一定要回來告訴我們，發生了什麼事哦。」

很快地，其中一隻水蠆感受到強大的力量。

牠從水裡爬到百合葉上，羽化成美麗的蜻蜓。

為了跟水裡的夥伴說明發生了什麼事，牠在池面上飛來飛去。

但是沒有一隻水蠆認得這隻美麗的蜻蜓是牠們過去的夥伴之一。

※【水蠆】蜻蜓幼蟲的總稱。棲息在池沼中，捕食小動物。

人死後會怎樣？

在《重新審視生死觀》（廣井良典著／筑摩書房）一書的引導下，以這一則寓言為材料，闡述筆者個人的想法如下。

死有兩種，一種是「訣別之死」，另一種是「無我之死」。前者是與他人別離，後者是「跟自己訣別」，指的是跟「意識的我」分離。死亡帶來的悲傷，跟前者有關；後者帶來的，是對死亡的恐懼。

讀完這一則暗示輪迴轉生的寓言之後，可以稍微降低對死亡的悲傷和恐懼。**他人的存在，又或自我的存在，不因為死亡而消失，而是以某種形態持續存在。就這層意思來說，他人跟我，都沒有「死」的問題。**這是跨越伴隨他人之死而來的悲傷，以及個人之死的恐懼的一種生死觀。

每個人都有自己的生死觀。雖然對此擁有明確概念的人可能不是那麼多，但應該也沒有人是完全沒有的。多數人抱著模糊，又或非理論的故事性生死觀過生活。

話說回來，生死觀指的又是什麼？說難一點，就是「對個人的生與死，在宇宙和生命全體之中，處於什麼樣的位置、有著什麼樣的意義之思考與理解」（前書）。簡單來說，就是思考和理解「我死後會怎樣」。

生死觀大致可分成「不思考派」和「思考派」兩種。

前者之所以不思考的理由為，「既然死是『無』，思考關於死的一切也是無益，不如把精力專注在讓生命過得更充實」。又或者是「死亡的世界是個未知，既然如此，就不應該執著於此。用一種不過度深入、模糊的態度來面對它」（這是孔子的立場，見〈死亡與生存的意義〉篇）。儘管理由不同，不從正面思考的這點是一致的。

「思考派」則可以分成四類（前書）。這四類都對「我們從何而來，從何而去」的問題，給出了一定的答案。故事各有不同，但在死亡不代表結束的觀點上是一致的。

第一類認為，肉體消滅之後「靈魂」仍持續存在。把肉體比喻成車子，靈魂就是司機。車子壞了，可以換乘別的車。

第二類認為，人死後會回歸到自然，變成另一種形態持續存在。肉體經由土葬或火葬，雖然起了分子變化，在原子層次則維持不變。它們飄散在空氣裡，溶於水土之中，最後成為其他生物身體的一部分。沒有因為死亡而從地球和宇宙中消失。

第三類認為，自我本身的意識雖然消失，但會以另一種形態回到輪迴轉生的世界。日本因為擁有相對豐富的自然環境，其民族基本上對現世抱持強烈的肯定態度，進而形成日本人對輪迴轉生的概念本身不予否定的特徵。

第四類認為，死亡可以換來某種形態的「永生」。佛教認為，這個世上一切皆苦，志在脫離這種現象又或虛構的世界，抵達超越時間的永生與平安。

看完以上大致的分類，應該只有少數的人會指著其中一類說：「這就是我的生死觀！」不過，人就是這樣，即使跟你說「因為是未知，所以不用想了」還是會想，因為這是天性使然。死後一切化成無的話，也會讓人覺得寂寞。

據說日本人的生死觀並非單一，是屬多層次的。這麼一來也沒有必要從中選一，做出權宜之計的選擇，也是無可厚非。

美國流行一種叫實用主義（pragmatism）的哲學（《希望的思想 實用主義入門》大賀祐樹著／筑摩書房）。傳統哲學思想認為真理存在人類之上，努力追求真理唯一的本質。相對地，實用主義重視的是，某個想法可以創造出什麼樣的東西，引導人們採取什麼樣的行動。

站在實用主義的立場，當多數人認為某個有助於解決問題的想法是「正確的」，即使是暫時性的，也是「正確的」。能為人類生活和社會起到良好效果的理論與故事，才是有用的思想。

就此觀點而言，只要是相信能促成良善生活的思想，就是「正確的」，即便那可能犯了科學錯誤，又或是無法加以證明或記述的。

「思考派」的每一種生死觀，都有它對的道理。

第15章

凡事取決於「你是怎麼想的」

№72

慶幸只是腫個包

以前有個叫有難屋吉兵衛的人，個性極為樂觀，從來沒有聽他抱怨過一句。有一天吉兵衛趕著出門，不小心撞到門楣，頭上腫了一個像饅頭一樣的大包。他也不喊疼，只用兩手抵著頭上的包，感謝地說：「還好、還好，真是慶幸。」

看到這種情況的隣居，好奇地問他：「吉兵衛，你頭上撞出了這麼個包，還有什麼值得慶幸的啊？」

吉兵衛說：「當然值得慶幸啊。如果撞成頭破血流，那也是沒辦法的事，還好只是腫個包。運氣不錯了。」

不要數算已經失去的東西

吉兵衛也可能只是有事裝沒事，明明就痛到不行，還勉強忍耐，表現出一副若無其事的樣子。然而一直在意已經發生的那麼點倒楣事，也無助於減緩疼痛，還會因為生氣，反而助長疼痛。倒不如想想，只是這樣就了事，咀嚼其中的好運，還比較有用。

猶太人有一則笑話是這樣的。猶太人即使折斷腿，也會想說還好只是一條腿；若是兩腿都斷了，至少斷的不是脖子；如果斷的是脖子，那就沒有什麼好擔心的了。

不要數算已經失去的東西。把焦點放在還存留下來的部分，感謝你失去的不是全部，並盡力發揮其作用。那才是真的。

因為活著所以會有焦慮。如果脖子斷了，失去了生命，那就連擔心的權利也沒了。所以要感謝還好斷的不是脖子。反之，如果斷了脖子，沒了生命，也能從擔憂中獲得永遠的解脫，那也是值得高興的事。

№73

何況老翁

以前在近江國有個篤信佛教的人，那人平常不管遇到什麼事，都會用「更何況是……」的說法來形容，所以附近的人給他取了一個綽號叫「何況老翁」。

像是大熱天在路上遇到的時候，如果有人跟他打招呼說：「今天天氣真熱啊」，他就會回說：「確實是很熱。人間都這麼熱了，更何況是炎熱地獄，不知有多熱呢。想到這裡，這點熱也只有忍耐的分了。」

如果是天氣冷的時候在路上遇到，跟他說：「今天好冷啊。」他就會回說：「確實是很冷。人間都這麼冷了，更何況是八寒地獄。要是掉到那裡，還不知道有多冷哦。想到這裡，怎麼也要耐得住這點冷阿。」

那個老者就像這樣，不管發生什麼事，一輩子從不抱怨，講到什麼就是「更何況……」總是帶著微笑面對生活。所以人們也不用本名來稱呼他，而是叫他「何況老翁」。

放低標準，適度就好

滿腹牢騷的人的特徵是標準都很高。反之，標準不高的人，抱怨也相對較少，而「何況老翁」是標準特低的人。

放低標準的心理，也有助於思考對待他人和公司的方式。會抱怨的人，毫無例外地都是因為他們對他人和公司的要求很高。六十分無法滿足，一定要一百分，結果因為現實與滿分的落差而衍生不滿。

但試想，自己既不完美，又如何要求他人或公司組織能做到十全十美？你我都是有優點也有缺點的「不完美之人」，公司也是「不盡然完善的組織」，**何不捨棄完美主義，擁抱適度主義。**用「這個世界就是這樣」的達觀來微笑面對生活，才是聰明之舉。

№ 74

狐狸與葡萄

有一隻飢餓的狐狸，發現葡萄棚下垂吊著串串的葡萄，想要取來吃，但怎麼也搆不到。

狐狸憤然轉身離去，嘴裡還一邊說著：「葡萄根本還沒成熟。」

酸葡萄心理比抱怨來得好

這是有名的伊索寓言故事。在故事之後，伊索還加註了一句話：「人也是這樣，明明是自己能力不足，有的人還是會怪罪給時勢。」

這隻狐狸想吃葡萄，但是一旦明白自己再怎麼努力也是枉然的時候，轉而改變看法：「那葡萄其實不值得我這麼做」，藉以獲得內心的平靜。

拉封丹對這一則寓言做了一些改編，並在故事最後寫到這麼一則訓示：「這狐狸說的可不比抱怨還來得可取？」拉封丹沒有正面否定酸葡萄心理，而是從「比抱怨更為可取」的點來認同其作用。這跟「警惕酸葡萄的態度」之伊索風格的教訓有所不同。

實際生活裡遇到跟狐狸一樣的經驗時，又該如何處之？最糟的情況是持續抱怨「逃走的是大魚（得不到的總是比較好）」。抱怨是哀怨說了也無濟於事的行為。

最好的方法是，**追究失敗的原因，累積自己在下一次遇到相同情況的時候能達到成功的訓練**。但這不適用於人生所有的課題，因為有很多是個人無能為力的情況，這時只要用「逃走的是小魚」來一笑置之即可。遇到被異性甩了，或是面試沒有被錄取的時候，就能拿這句格言來激勵自己。

№75

忍耐是一

以前有個叫堪忍六助的男子，無論發生什麼事都不會使他生氣，是個很有耐心的人。六助寬容的個性為他博得好名聲，卻引來附近年輕人的不滿，商量要給六助一個教訓。先是有兩個人跟蹤，從背後用拳頭在他頭上痛打十來下，六助卻好像什麼事也沒有發生一樣地走了過去。這次換五個人靠近六助，痛毆他五十幾拳，結果六助仍二話不說、若無其事地離去。既然如此，那就十人全員出動，衝上去狠狠教訓他一番，不料六助還是泰然自若地離去，完全沒有生氣的樣子。

這下連壞蛋們也不得不認輸，轉而道歉：「敢問六助爺是如何辦到的？一般人吃了五個、十個拳頭也還能忍，但連續被打幾百拳後還能臉不改色，實在不是人能做到的事。請原諒我們的過錯，教教我們忍耐之術吧。」

六助回說：「這也不是什麼困難的事。就算頭上被打了五百拳，也是一次又一次的忍耐。」

決定排解壓力的優先順序

忍耐是耐住身體和精神的痛苦，撐過去的意思。在這一則故事裡也可以把身體和精神的痛苦想成是壓力。

在日常生活中多少會感受到壓力。如何像堪忍六助一樣排解一次又一次的忍耐，**避免累積壓力是很重要的。**避免累積壓力的關鍵在於，不要往後推延，盡可能在當下把它處理掉。最好能以每天為單位，不要想說等到周末再一起舒發、排解壓力。

以下來思考舒壓的具體對策。容易累積壓力的人，具有把壓力來源的問題點橫向排開的傾向。那代表了用同一等級來看待所有的問題，不過是把它一字排開，沒有經過整理整頓的狀態。在這種情況下，壓力累積的速度超乎問題解決的速度，很快就會讓人喘不過氣。

反之，不會累積壓力的人，傾向把壓力來源的問題點做縱向排列。從造成重度壓力的問題之中，把用最小力氣就能解決的排在最上面，正好相反的排在最下面，再由上而下依序解決。如此一來，問題解決的速度超前，壓力也就不會堆積如山。

當然，在論及壓力累積與否之前，能夠沒有壓力是最好的。避免製造壓力的要點有二，一是不追求完美。放鬆肩膀，想想「沒有一百，有八十分也不錯」。其實工作裡，很多情況是「兩個八十分比一個一百分更重要」。

另一個是，**尋求他人的協助。**人是很不可思議的動物，能經由幫助他人的行為得到幸福的感受。那是因為可以藉由「幫助別人」重新確認自己是個有能之人。所以，遇到困難的時候不要吝於向他人尋求協助，因為這麼做是在「幫助」對方得到幸福。

No76

驢子與父子

有一對父子為了牽驢到鎮上的市場去賣，一起走在鄉間小路。途中在井邊取水的小女孩們看到這對父子牽著一頭驢的樣子，笑著說：

「怎麼有這麼笨的人啊，有驢不騎。其中一個人騎的話，就不用兩人一起走路吃灰塵了，反倒樂了那隻驢。」

父親聽了覺得有理，便讓兒子騎驢，自己用走路的。

不久來到一群老人燒柴火的地方。有個老人說：

「現在的年輕人還真不懂得敬老。你們看，上了年紀的老父走得這麼累，那個孩子卻騎在驢背上，滿不在乎的樣子。」

父親聽了又覺得老人說得有理，於是叫兒子下來，換自己騎驢。

這對父子繼續趕路，不久遇到三個抱小孩的婦人。其中一個婦人說：「還真是不要臉，那孩子已經累成這樣，還好意思讓他走路，自己卻像國王一樣，坐在驢子上。」

父親聽了便把孩子拉上來，坐到自己前面。

走沒多久又遇到幾個年輕人，其中一個說：「你們是怎麼回事，兩個人騎著一隻小驢子，也太沒有慈悲心了。被說成虐待動物也是活該」。覺得年輕人說得有理的兩人，只好從驢子上面下來。

這時父親說了：「看來，我們只能扛著驢子走路了。」

兩人於是用繩子綁住驢子的前後腿，拿路邊找來看似堅固的棍子穿過其中，父子一個在前、一個在後地挑起兩端，扛著驢走路。城裡的人看到這對父子的洋相，不禁拍手大笑。

被人討厭是自由的象徵

這一則寓言是在告訴我們「無法討好所有的人」。為什麼這麼說呢？所謂一樣米養百樣人，每個人都站在自己的立場說話。就像故事裡的小女生、老人、三個女人和年輕人，無不站在個人的立場，對父子陳述自己的想法。當然每個人說的都有理，但那也只是道理之一。

稍微換個角度來想，「無法討好所有人」也可以變成是「不要害怕被人討厭」的訓示。

在日本有句成語叫「內股膏藥」。貼在大腿內側（＝內股）的膏藥，會左右沾來黏去，從這裡引申出「沒有堅定的意見和主張，見風轉舵」的意思或人物，也指不可靠的人。這對親子正是陷入「內股膏藥」的狀態，相同情況也很容易發生在組織中工作的時候。

用一種誇張的說法來形容的話，就是這對父子放棄了「身為人的自由」。**被人討厭，是個人自由生存的代價，也是自由生存的證據。**不在意有人看自己不順眼，任憑他人怎麼想，是自由生存的出發點。

從「無法討好所有的人」，還可以聯想到「無法擁有一切」這句格言。字幕翻譯家戶田奈津子回憶自己的人生如下：

「沒有結婚，也沒有小孩——。一路走來，拋棄的東西很多，有時也會覺得持續放手追求所愛的自己，其實是『懦弱的』。但我也知道『You cannot have everything（一個人無法擁有一切）』的道理。」（讀賣新聞二〇一七年八月八日晨刊）

有人說，選擇，是選了什麼的同時，也捨棄了什麼。兩個都想要的話，經常會落得兩頭空。話是這麼說，但無法做出選擇，全部都想要的心理乃是人之常情。就好像要你在工作、家庭和興趣之間只能選一個的時候，很難做出選擇。每個人都希望可以全面兼顧。

遇到這種情況時，有以下幾個實用的建議。

第一是，不一定要在同一個時間內擁有一切。也就是「放長線釣大魚」——用長時間來達成「擁有一切」的目標。

第二是，不要奢求完美。生活可以不那麼完美，就好的含意來說，隨意即可，並適度地感到滿足。

只要能遵守這兩個法則，擁有一切就不是夢。祝您好運。

№77

一休和尚的遺言

一休和尚在臨終前遞給弟子一個盒子，交待遺言說：「遇到佛教滅亡或是大德寺存亡這等大事的時候，就打開這個盒子。」

經過很長一段歲月之後，發生了攸關大德寺存亡的重大問題。在無技可施的情況下，有人想起一休和尚的遺言，所有僧侶聚在一起，鄭重地打開盒子。裡頭放了一張紙，上面只寫了一句：「船到橋頭自然直，不必擔心。」

在「船到橋頭自然直」之前的準備動作

「船到橋頭自然直，不必擔心」這句話，並不是在說「結果從一開始就是決定好的，做再多努力也沒有用，為此心神不寧也是無益」跟「反正該來的也逃不掉，再擔心也沒有用」的意思是不一樣的。

筆者認為，「船到橋頭自然直，不必擔心」的這句話前面還隱藏了一個前提是「做好該做的事」。整句來說就成了：「做好該做的事。這麼一來，事情到最後關頭總會有解決的辦法。所以沒有什麼好擔心的。」

「做好該做的事」跟「船到橋頭自然直」，雖然就表達事態成立的點來說，都有「發生」的意思（相當於英語的「happen」），但兩者在「行動」的含意上是對立的。

「做好（該做的事）」等同「someone makes things happen」，是出於人為意志的行為，而「船到橋頭自然直」是客觀表述事情已經發生（＝things just happened）。前者屬人為「可改變的」、「能力所及的」和「能夠掌控的」，後者則是指「無可改變」、「非能力所及」和

「無以掌控」的客觀情形。

臨到泰山崩於前的時候，不做好該做的事，想說「船到橋頭自然直」而袖手旁觀，是不行的。雙手叉在胸前，回想過去悔不當初，對於不確定是否會發生的未來感到杞人憂天，也是無濟於事。

應該要先做好該做的事。集合眾人的智慧，把眼前能做的先一個一個解決掉。這麼一來，事態自然會好轉。對於非眾人之力所能及的部分，就算無所可為，還是可以在能力所及的範圍內，集合眾人的智慧與努力，全力以赴。其他的就等「船到橋頭自然直」了——成則成，不成則不成。因為那已經超乎己力的範圍，再擔心也沒用。不論成敗，都只能用「了然於心」來接受它。

參考文獻

第1章　觀點、視野與觀視立場

❖01「六個盲人摸象」：筆者根據網路文章整理而成。另外也有「十個盲人與象」和「黑暗中的象」這類的故事。

❖02駱駝與漂流的浮木：《ラ・フォンテーヌ 寓話》（今野一雄訳、岩波書店）。部分省略。

❖03綠洲的老人：《癒しのことば》（中村慎一著、アルファポリス）

❖04哭泣的老嫗：《譬喩道話辞典（布教百科大辞典4）》（三井晶史・菅原法嶺編纂、東方書院）

❖05螞蟻與蟬：《イソップ寓話集》（中務哲郎訳、岩波文庫）

❖06山木與雁：《中国古代寓話集》（後藤基巳編訳、東洋文庫）の「役に立つと立たぬと」。部分省略。原典出自《莊子・山木篇》。

第2章　廣泛的認知與彈性的思考

❖07「無知之智」：筆著根據以下著作整理而成。《哲学の歴史・第1巻　哲学誕生》（内山勝利編、中央公論新社）。

❖08京都的青蛙和大阪的青蛙：《鳩翁道話》（柴田鳩翁著、東洋文庫）の「京の蛙と大阪の蛙」。部分省略。

❖09納斯努汀的鑰匙：《H.ミンツバーグ経営論》（ヘンリー・ミンツバーグ著、DIAMONDハーバード・ビジネスレビュー編集部編訳、ダイヤモンド社）。出自古耳其民間故事。

❖10雙胞胎的命運：《Q：次の2つから生きたい人生を選びなさい》（タル・ベン・シャハー著、成瀬まゆみ訳、大和書房）

❖11掉了一隻眼的河馬：《Q：次の2つから生きたい人生を選びなさい》（タル・ベン・シャハー著、成瀬まゆみ訳、大和書房）

第3章　思慮的深度與正確的判斷

❖12墨子與算命師：《墨子》（薮内清訳、東洋文庫）。部分省略。
❖13夫婦和三塊餅：《譬喩道話辞典（布教百科大辞典4）》（三井晶史・菅原法嶺編纂、東方書院）。原典出自《百喻經》。
❖14駱駝的頭：《レグルス文庫　仏典動物記（上）》（第三文明社編集部編、第三文明社）
❖15北風與太陽①：《イソップ寓話集》（中務哲郎訳、岩波文庫）
❖16北風與太陽②：筆者根據〈北風與太陽〉維基百科日語版（日本時間二〇一七年十月十二日九點）整理而成。
❖17大石頭與小石頭：《会社がなぜ消滅したか》（読売新聞社会部著、新潮文庫）。部分省略。

第4章　聰明與創造性的工作

❖18兩個商人：《寓話道話おとぎ話　修養全集4》（野間清治編、大日本雄弁会講談社）
❖19三杯茶：《武将感状記》（熊沢淡庵著、熊沢正興編、人物往来社）
❖20領兩茲羅提的莫伊休：《お静かに、父は昼寝しておりますーユダヤの民話》（母袋夏生編訳、岩波少年文庫）
❖21賣鞋的業務員：《コトラーのマーケティング・コンセプト》（フィリップ・コトラー著、恩蔵直人監訳、大川修二訳編訳、東洋経済新報社）。部分省略之後，由筆者做整理。原文裡第一位業務員是負責聽取需求的（order taker）、第二位是銷售人員、第三位是行銷人員。
❖22家禽霍亂疫苗的發現：由筆者根據以下著作整理而成。《セレディピティと近代医学》（モートン・マイヤーズ著、小林力訳、中央公論新社）。

第5章　堅強的組織精神

❖23壞人齊聚一堂的家：《譬喩道話辞典（布教百科大辞典4）》（三井晶史・菅原法嶺編纂、東方書院）
❖24木桶裡的酒：由筆者根據以下著作整理而成。《お静かに、父は昼寝しておりますーユダヤの民話》（母袋夏生編訳、岩波少年文庫）。此外還流傳「變成水的酒」、「木桶裡的牛奶」和「祭典的酒」等各種類似的故事。關於村人以外的登場人物角色，也存在幾種不同形式的描寫，除了本篇「新到任的拉比」，還有狩獵回城的途中繞到村裡的國王，或是放棄教職工作返鄉的老師等。
❖25雲雀搬家：《トヨタの上司——強い現場をつく

る》（OJTソリューションズ編著、中経出版）。文章裡的故事應該是從伊索寓言〈雲雀與農夫〉變化而來。

❖26水槽裡的梭魚：《人生を豊かにする50の道話》（北山顕一著、リックテレコム）

❖27配戴防護鏡：《解決志向の実践マネジメント——問題にとらわれず、解決へ向かうことに焦点をあてる》（青木安輝著、河出書房新社）

第6章　工作的態勢與工作的意義

❖28花白頭與兩個妻子：《イソップ寓話集》（中務哲郎訳、岩波文庫）

❖29主人給的貨幣：《キリスト教の寓話（下）》（木間瀬精三・助野健太郎編、宝文館）の〈与えられたタレント〉。原典出自〈馬太福音〉二十五章十四至三〇節。

❖30葡萄園的雇員：《キリスト教の寓話（下）》（木間瀬精三・助野健太郎編、宝文館）の〈ぶどう畑のやとわれ人〉。原典出自〈馬太福音〉二十五章一至十六節。

❖31三個磚頭師傅：筆者根據網路文章整理而成。以下著作裡也有類似的舉例，廣為人知：《マネジメント（下）》（P. F.ドラッカー著、ダイヤモンド社）。

❖32斥責孩子的父親：筆者根據網路文章整理而成。

❖33效率差的農務：《春秋戦国の処世術》（松本肇著、講談社現代新書）の〈効率の悪い畑仕事〉。原典出自《莊子・天地篇》。

第7章　良心與共同體

❖34天國與地獄的長筷子：《ほとけの子》（青柳田鶴子著、法蔵館）。「長湯匙的故事」這一類也很為人熟知。

❖35西瓜小偷：《俗通教育道話》（安藝喜代香編纂、大日本雄弁会講談社）

❖36百萬分之一的性命：《こころのチキンスープ》（ジャック・キャンフィールド、マーク・V・ハンセン著、木村真理・土屋繁樹訳、ダイヤモンド社）

❖37狐狸與熊：《世界中から集めた深い知恵の話１００》（マーガレット・シルフ編、中村妙子訳、女子パウロ会）

❖38湯之石：《世界中から集めた深い知恵の話１００》（マーガレット・シルフ編、中村妙子訳、女子パウロ会）

第8章 科學技術與社會的關係

❖39青蛙與蠍子：筆者根據網路文章整理而成。在電影【亂世浮生】（The Crying Game，一九九二年）裡也出現該寓言，被認為是伊索寓言裡〈青蛙與老鼠〉的變形版。

❖40猴子與井中月：《譬喩道話辞典（布教百科大辞典4）》（三井晶史・菅原法嶺編纂、東方書院）

❖41魔法師的弟子：《母と子のおやすみまえの小さなお話365（新版）》（千葉幹夫編著、ナツメ社）

❖42磨坊的男子：《人生論》（トルストイ著、米川和夫訳、角川文庫）

第9章 人生的道理與感恩

❖43兩個旅人和熊：《イソップ寓話集》（中務哲郎訳、岩波文庫）

❖44兩隻豪豬：由筆者根據以下著作整理而成。《随感録（新装復刊）》（ショーペンハウアー著、秋山英夫訳、白水社）。

❖45獵人與鳥：《ユダヤの民話（上）》（ピンハス・サデー著、秦剛平訳、青土社）

❖46盲龜浮木：《幸せの遺伝子》（村上和雄著、育鵬社）。原典出自《雜阿含經》。

❖47家庭聖誕樹：《ナショナル・ストーリー・プロジェクトⅠ》（ポール・オースター著、柴田元幸他訳、新潮社）

第10章 與欲望相處的方式

❖48直到倒下為止：《譬喩道話辞典（布教百科大辞典4）》（三井晶史・菅原法嶺編纂、東方書院）。原典出自《大莊嚴論經第十五卷》。

❖49哥斯大黎加的漁夫和美國商人：《大失敗！――成功企業が陥った戦略ミステイクの教訓》（ジャック・トラウト著、島田陽介訳、ダイヤモンド社）

❖50三個願望：《ドイツ炉辺ばなし集――カレンダーゲシヒテン》（ヨハン・ペーター・ヘーベル著、木下康光編訳、岩波文庫）。原文摘要。

❖51地獄：《キリスト教と笑い》（宮田光雄著、木下康光編訳、岩波新書）

第11章 學習的心得與學習的理由

❖52努力的樵夫：《寓話セラピー～目からウロコの51話》（ホルヘ・ブカイ著、麓愛弓訳、めるくまーる）

❖53一半的煎餅：《仏教の寓話》（野村耀昌編、宝文館）。原典出自《百喩經》。

❖54空的茶碗：《人生に知恵と勇気を与えてくれる33の寓話》（ジェーン・ヨーレン著、深井照一訳、東京書籍）

❖55馬與螞蟻的智慧：《中国古代寓話集》（後藤基巳編訳、東洋文庫）。原典出自《韓非子・說林上》。部分省略。

第12章 挑戰與可持續性

❖56象與枷鎖：《皮肉屋さんにも効く人生のクスリ》（カレン・サルマンソン著、高橋裕子訳、ヴォイス）

❖57選擇上吊的愚者：《皮肉屋さんにも効く人生のクスリ》（カレン・サルマンソン著、高橋裕子訳、ヴォイス）

❖58青蛙爬山：《人生を変える3分間の物語》（ミシェル・ピクマル著、橘明美訳、PHP研究所）

❖59飛天的馬：《ユダヤ商法》（マーヴィン・トケイヤー著、加瀬英明訳、日本経営合理化協会出版局）

❖60掉進鮮奶油的三隻青蛙：《ユダヤ商法》（マーヴィン・トケイヤー著、加瀬英明訳、日本経営合理化協会出版局）

❖61塚原卜傳和弟子的對話：《仏教法話大事典》（ひろさちや編著、鈴木出版）

第13章 彩繪自我人生的方法

❖62駝海綿的驢和背鹽巴的驢：《教訓例話辞典》（有原末吉編、東京堂出版）。出自拉丹封寓言，有幾則類似的故事。

❖63三年睡太郎：筆著根據以下著作整理摘要。在日本全國也有各式各樣的版本流傳。《子どもに聞かせる日本の民話（新訂）》（大川悦生著、実業之日本社）に収められている〈三年寝太郎〉。

❖64飯團的捷徑：《鳩翁道話》（柴田鳩翁・石川謙著、岩波文庫）

❖65兩個禪僧：由筆著根據以下著作整理而成。《仏教法話大事典》（ひろさちや編著、鈴木出版）の〈『こだわり』のない禅僧〉。

❖66塞翁失馬：《中国古代寓話集》（後藤基巳編訳、東洋文庫）

第14章 生與死的關聯

❖67閻羅王的七個使者：筆著根據以下著作整理摘要。《完訳グリム童話集（3）》（池田香代子訳、講談社文芸文庫）の〈死神の使い〉、《お静かに、父は昼寝しておりますーユダヤの民話》（母袋夏生編訳、岩波少年文庫）の〈死神の使い〉、《仏教法話大事典》（ひろさちや編著、鈴木出版）の〈閻魔王の三人の死者〉。

❖68死亡與生存的意義：《論語》（加地伸行訳、講談社学術文庫）

❖69接枝的老僧：筆著根據以下著作翻譯成白話文。《駿台雑話》（室鳩巣著、森銑三校訂、岩波文庫）。

❖70四個妻子：筆著參考以下著作整理摘要。《仏教法話大事典》（ひろさちや編著、鈴木出版）、《心の疲れがとれる本——つらいとき苦しいときの生きる智恵》（公方俊良著、ダイヤモンド社）。關於第四個妻子，前者所指為心、後者所指為德。原典出自《雜阿含經》。

❖71水蠆與蜻蜓：《続・死に方のコツ》（高柳和江著、飛鳥新社）。本故事在該書是以瓦特・杜德利・卡伯特作品的摘要作介紹。

第15章 凡事取決於「你是怎麼想的」

❖72慶幸只是腫個包：《美談逸話辞典》（三井晶史・菅原法嶺編纂、高山堂書店）

❖73何況老翁：《修養全集 第9巻（訓話説教演説集）》（野間清治著、大日本雄弁会講談社）

❖74狐狸與葡萄：《イソップ寓話集》（中務哲郎訳、岩波文庫）

❖75忍耐是一：《美談逸話辞典》（三井晶史・菅原法嶺編纂、高山堂書店）

❖76驢子與父子：《教訓例話辞典》（有原末吉編、東京堂出版）。從以下著作也反應出各地都有類似的故事。《ドイツ炉辺ばなし集——カレンダーゲシヒテン》（ヨハン・ペーター・ヘーベル著、木下康光編訳、岩波文庫）の〈奇妙なロバの旅〉、《イディッシュの民話》（ビアトリス・S.ヴァインライヒ編、秦剛平訳、青土社）の〈世界中の人を喜ばす……〉。

❖77一休和尚的遺言：〈私の座右銘——なるようになる。心配するな〉（内海倫、《月間致知》二〇〇七年八月号）

不只是寓言

77則啓發自我、翻轉思考的寓言故事集

ものの見方が変わる　座右の寓話

作者　戶田智弘
翻譯　陳芬芳
責任編輯　張芝瑜
美術設計　郭家振
行銷企劃　魏玟瑜

發行人　何飛鵬
事業群總經理　李淑霞
副社長　林佳育
主編　葉承享

國家圖書館出版品預行編目(CIP)資料

不只是寓言：77則啓發自我、翻轉思考的寓言故事集 / 戶田智弘著；陳芬芳譯. -- 初版. -- 臺北市：麥浩斯出版，2020.07
面；　公分
譯自：ものの見方が変わる 座右の寓話
ISBN 978-986-408-618-4(平裝)

1. 成功法 2. 生活指導

177.2　　109009248

出版　城邦文化事業股份有限公司 麥浩斯出版
E-mail　cs@myhomelife.com.tw
地址　104 台北市中山區民生東路二段 141 號 6 樓
電話　02-2500-7578
發行　英屬蓋曼群島商家庭傳媒股份有限公司城邦分公司
地址　104 台北市中山區民生東路二段 141 號 6 樓
讀者服務專線　0800-020-299（09:30 ～ 12:00; 13:30 ～ 17:00）
讀者服務傳真　02-2517-0999
讀者服務信箱　Email: csc@cite.com.tw
劃撥帳號　1983-3516
劃撥戶名　英屬蓋曼群島商家庭傳媒股份有限公司城邦分公司
香港發行　城邦（香港）出版集團有限公司
地址　香港灣仔駱克道 193 號東超商業中心 1 樓
電話　852-2508-6231
傳真　852-2578-9337
馬新發行　城邦（馬新）出版集團 Cite（M）Sdn. Bhd.
地址　41, Jalan Radin Anum, Bandar Baru Sri Petaling, 57000 Kuala Lumpur, Malaysia.
電話　603-90578822
傳真　603-90576622

總經銷　聯合發行股份有限公司
電話　02-29178022
傳真　02-29156275

製版印刷　凱林彩印股份有限公司
定價　新台幣 380 元／港幣 127 元
ＩＳＢＮ　978-986-408-618-4
2023 年 5 月初版 2 刷・Printed In Taiwan

ものの見方が変わる　座右の寓話
MONO NO MIKATA GA KAWARU ZAYUU NO GUUWA

Original Japanese edition published by Discover 21, Inc., Tokyo, Japan
Complex Chinese edition published by arrangement with Discover 21, Inc.
Illustrations by Chikako Suzuki